Peter Zwanzger (Hrsg.)

Angst und Gesellschaft

Medizinisch Wissenschaftliche Verlagsgesellschaft

Peter Zwanzger (Hrsg.)

Angst und Gesellschaft

mit Fokusbeitrag zur Corona-Pandemie

mit Beiträgen von
D. Beckmann | J. Beckmann | H. Bude | I. Fernholz | I. Fischer
I. Grimm-Stadelmann | G.E. Freiherr von und zu Guttenberg
J. Käppner | J.B. Köhne | M. Maragkos | J. Mumm | B. Muschalla
J. Plag | A. Schmidt | A. Ströhle | A. Tretner | P. Zwanzger

Medizinisch Wissenschaftliche Verlagsgesellschaft

Der Herausgeber

Prof. Dr. med. Peter Zwanzger
Ärztlicher Direktor und Chefarzt
Fachbereich Psychosomatische Medizin
Therapieschwerpunkt Angst und Depression
kbo-Inn-Salzach-Klinikum Wasserburg am Inn
Gabersee 7
83512 Wasserburg am Inn

MWV Medizinisch Wissenschaftliche Verlagsgesellschaft mbH & Co. KG
Unterbaumstraße 4
10117 Berlin
www.mwv-berlin.de

ISBN 978-3-95466-640-9

Bibliografische Information der Deutschen Nationalbibliothek

Die Deutsche Nationalbibliothek verzeichnet diese Publikation in der Deutschen Nationalbibliografie; detaillierte bibliografische Informationen sind im Internet über http://dnb.d-nb.de abrufbar.

© MWV Medizinisch Wissenschaftliche Verlagsgesellschaft Berlin, 2021

Dieses Werk ist einschließlich aller seiner Teile urheberrechtlich geschützt. Die dadurch begründeten Rechte, insbesondere die der Übersetzung, des Nachdrucks, des Vortrags, der Entnahme von Abbildungen und Tabellen, der Funksendung, der Mikroverfilmung oder der Vervielfältigung auf anderen Wegen und der Speicherung in Datenverarbeitungsanlagen, bleiben, auch bei nur auszugsweiser Verwertung, vorbehalten.

Die Wiedergabe von Gebrauchsnamen, Handelsnamen, Warenbezeichnungen usw. in diesem Werk berechtigt auch ohne besondere Kennzeichnung nicht zu der Annahme, dass solche Namen im Sinne der Warenzeichen- und Markenschutz-Gesetzgebung als frei zu betrachten wären und daher von jedermann benutzt werden dürften. Im vorliegenden Werk wird zur allgemeinen Bezeichnung von Personen nur die männliche Form verwendet, gemeint sind immer alle Geschlechter, sofern nicht gesondert angegeben. Sofern Beitragende in ihren Texten gendergerechte Formulierungen nutzen, übernehmen wir diese in den entsprechenden Beiträgen oder Werken.

Die Verfasser haben große Mühe darauf verwandt, die fachlichen Inhalte auf den Stand der Wissenschaft bei Drucklegung zu bringen. Dennoch sind Irrtümer oder Druckfehler nie auszuschließen. Der Verlag kann insbesondere bei medizinischen Beiträgen keine Gewähr übernehmen für Empfehlungen zum diagnostischen oder therapeutischen Vorgehen oder für Dosierungsanweisungen, Applikationsformen oder ähnliches. Derartige Angaben müssen vom Leser im Einzelfall anhand der Produktinformation der jeweiligen Hersteller und anderer Literaturstellen auf ihre Richtigkeit hin überprüft werden. Eventuelle Errata zum Download finden Sie jederzeit aktuell auf der Verlags-Website.

Produkt-/Projektmanagement: Charlyn Maaß, Berlin
Lektorat: Monika Laut-Zimmermann, Berlin
Layout & Satz: zweiband.media Agentur für Mediengestaltung und -produktion GmbH, Berlin
Druck: druckhaus köthen GmbH & Co. KG, Köthen

Zuschriften und Kritik an:
MWV Medizinisch Wissenschaftliche Verlagsgesellschaft mbH & Co. KG, Unterbaumstr. 4, 10117 Berlin, lektorat@mwv-berlin.de

Vorwort

Etymologisch abgeleitet von *Anxietas*, lateinisch Enge bzw. Engegefühl, beschreibt das Wort *Angst* zunächst die mit dieser Emotion einhergehenden, vor allem körperlichen Veränderungen und Empfindungen. Wenn wir Angst haben, spüren wir häufig ein Druck- oder Engegefühl im Brustraum, manchmal Atemnot, Herzklopfen oder Beklemmungsgefühle. Diese und ähnliche Symptome sind Ausdruck einer im Zusammenhang mit emotionalem Angsterleben beobachteten körperlichen Anspannung.

Wir alle kennen solche Zustände. Und obwohl Angst und die damit verbundene körperliche Symptomatik von uns in der Regel als ausgesprochen unangenehm, z.T. als pathologisch erlebt wird, handelt es sich in der Regel um eine normale, physiologische Reaktion. Diese ermöglicht es uns, in Gefahrensituationen adäquat zu reagieren, uns auf Bedrohung einzustellen und gegebenenfalls eine entsprechende Reaktion zu veranlassen. Entwicklungsgeschichtlich betrachtet können wir uns an dieser Stelle für Kampf oder Flucht entscheiden, je nachdem ob wir eine Bedrohung als beherrschbar oder eben nicht beherrschbar einordnen. Angst ist somit ein wichtiges biosoziales Signal, welches uns seit Jahrtausenden das Überleben sichert.

Tritt Angst zu oft, zu stark oder zu intensiv auf oder entsteht Angst in Situationen, in denen eigentlich keine reale Gefahr existiert, sprechen wir von der krankhaften Angst, gegebenenfalls von einer Angsterkrankung. Allerdings sind die Grenzen zwischen Angst und Angsterkrankung oftmals fließend. Im Übergang von gesunder zu krankhafter Angst gibt es viele Zwischenstufen, die nicht immer eindeutig einem der beiden Pole zuzuordnen sind. Insofern stellt die Diagnostik krankhafter Angst hohe Anforderungen an den Arzt oder Psychotherapeuten.

Das vorliegende Buch beschäftigt sich im Wesentlichen mit den gesellschaftlichen Aspekten von Angst. Die unterschiedlichen Facetten dieser Grundemotion sind allen Menschen bekannt und spielen demzufolge sowohl im Leben des Einzelnen als auch in der Gesellschaft eine große Rolle.

Da wundert es nicht, dass sich das Phänomen der Angst in Musik, Kunst, Politik, Religion und anderen gesellschaftlichen Bereichen wiederfindet. Zeigt sich in der Betrachtung des Phänomens Angst in Musik und Malerei vor allem der Versuch, der Angst ein Gesicht zu geben, so zeigt sich in Politik und Religion der Versuch, die Emotion Angst zu instrumentalisieren, sei es in dem Versuch Angst zu nehmen, sei es in dem Ansinnen, Angst zu erzeugen. Diese und andere gesellschaftliche Aspekte der Angst werden in diesem Buch von namhaften Autorinnen und Autoren beleuchtet und diskutiert, positive Aspekte der Angst werden genauso illustriert wie die möglichen negativen Folgen im Umgang mit derselben.

Die historische Erfahrung zeigt, dass Angst insbesondere in Krisensituationen eine wichtige Rolle spielt – sowohl im Leben des Einzelnen wie auch in der Gesellschaft. Dies wird auch in der aktuellen Corona-Situation deutlich, die beispielhaft illustriert, dass schwere Krisen Angst machen können, die Angst aber auch zu großen Leistungen befähigt. Wir sehen, dass Angst die Massen bewegen kann. Wir sehen, dass Angst politisch instrumentalisiert werden kann. Wir sehen auch, dass wir Halt brauchen, wenn wir Angst haben. Und es ist zu beobachten, dass dieser Halt an unterschiedlichen Stellen gesucht wird, sei es in der Politik, in der Medizin, in der Wissenschaft, bei Autoritäten ebenso wie bei Minoritäten. Aus diesem Grund ist dem Thema *Angst und Corona* in diesem Buch ein eigenes Kapitel gewidmet, das gleichermaßen versucht, die gesellschaftlichen Aspekte der Corona-Krise zu beleuchten wie die medizinischen Auswirkungen der Pandemie im Hinblick auf Angst und andere psychische Störungen zu untersuchen.

Wenngleich Angsterkrankungen zu den häufigsten psychischen Störungen gehören und somit in medizinischer Hinsicht große Bedeutung haben, so ist doch der gesellschaftliche Aspekt des Phänomens Angst für weitaus mehr Menschen von Bedeutung. Wir hoffen, dass die vorliegende Zusammenstellung der Kapitel zum Themenkomplex Angst Interesse weckt und unsere Sensibilität schärft im Hinblick auf diese wichtige und besondere Grundemotion.

Prof. Dr. med. Peter Zwanzger
Wasserburg am Inn, Mai 2021

Die Autorinnen und Autoren

Dr. phil. Denise Beckmann, Dipl.-Psych. (Univ.), PP
Psychologische Privatpraxis
Münchner Straße 24
83607 Holzkirchen

Prof. Dr. Dr. Jürgen Beckmann
Technische Universität München
Fakultät für Sport- und Gesundheitswissenschaften
Georg-Brauchle-Ring 60
80992 München
und
University of Queensland, Australien
School of Human Movement and Nutrition Sciences

Prof. Dr. phil. Heinz Bude
Universität Kassel
Lehrstuhl für Makrosoziologie
Fachbereich Gesellschaftswissenschaften
Nora-Platiel-Straße 5
34109 Kassel

Dr. med. Isabel Fernholz, Dipl.-Mus.
Charité – Universitätsmedizin Berlin
Berliner Centrum für Musikermedizin
Charitéplatz 1
10117 Berlin

Univ.-Prof. Dr. theol. Dr. phil. h.c. Irmtraud Fischer
Institut für alttestamentliche Bibelwissenschaft
Heinrichstrasse 78
A-8010 Graz
Österreich

PD Dr. habil. Dr. phil. Isabel Grimm-Stadelmann, M.A.
Bayerische Akademie der Wissenschaften
Kommission für gräzistische und byzantinistische Studien
DFG-Projekt „Johannes Zacharias Aktuarios"
Alfons-Goppel-Straße 11
80539 München

Georg Enoch Freiherr von und zu Guttenberg
† 2018 in München

Dr. Joachim Käppner
Süddeutsche Zeitung
Hultschiner Straße 8
81677 München

PD Dr. phil. habil. Julia Barbara Köhne
Humboldt-Universität zu Berlin
Kultur-, Sozial- und Bildungswissenschaftliche Fakultät
Institut für Kulturwissenschaft
Georgenstraße 47
10117 Berlin

PD Dr. phil. Markos Maragkos, Dipl.-Psych., PP
Arbeitsgemeinschaft für Verhaltensmodifikation (AVM) München
Kaiserstraße 14
80801 München

Jennifer Mumm, M.Sc.-Psych.
Charité – Universitätsmedizin Berlin
Berliner Centrum für Musikermedizin
Charitéplatz 1
10117 Berlin

Prof. Dr. Beate Muschalla
Technische Universität Braunschweig
Institut für Psychologie
Abteilung Klinische Psychologie, Psychotherapie und Diagnostik
Humboldtstraße 33
38106 Braunschweig

Dr. med. Jens Plag
Charité – Universitätsmedizin Berlin
Klinik für Psychiatrie und Psychotherapie, Campus Mitte
Charitéplatz 1
10117 Berlin

Die Autorinnen und Autoren

Prof. Dr. med. Alexander Schmidt, Dipl.-Mus.
Charité – Universitätsmedizin Berlin
Berliner Centrum für Musikermedizin
Charitéplatz 1
10117 Berlin

Univ.-Prof. Dr. med. Andreas Ströhle, M.D.
Charité – Universitätsmedizin Berlin
Klinik für Psychiatrie und Psychotherapie,
Campus Mitte
Charitéplatz 1
10117 Berlin

Andrea Tretner, Systemische Paar- und Sexualtherapeutin
Praxis für systemische Paartherapie (HPG)
Buchenweg 19
85643 Steinhöring

Prof. Dr. med. Peter Zwanzger
Fachbereich Psychosomatische Medizin
Therapieschwerpunkt Angst und Depression
kbo-Inn-Salzach-Klinikum Wasserburg am Inn
Gabersee 7
83512 Wasserburg am Inn

Inhalt

1. Angst in der antiken Mythologie — 1
   Isabel Grimm-Stadelmann

2. Ängste der deutschen Gesellschaft — 17
   Heinz Bude

Fokusbeitrag: Angst und Pandemie — 25
Peter Zwanzger

3. Angst und die Rolle der Medien — 37
   Joachim Käppner

4. Angst und Glaube — 49
   Irmtraud Fischer

5. Angst und Musik — 57
   Alexander Schmidt, Isabel Fernholz, Jennifer Mumm, Andreas Ströhle und Jens Plag

Exkurs: Lampenfieber — 67
Georg Enoch Freiherr von und zu Guttenberg

6. Angst und Macht — 73
   Markos Maragkos

7. Angst im Film — 89
   Julia Barbara Köhne

8. Angst und Arbeit — 101
   Beate Muschalla

9. Angst und Angstbewältigung im Leistungssport — 113
   Jürgen Beckmann und Denise Beckmann

10. Angst vor Sterben und Tod — 125
    Andrea Tretner

1 Angst in der antiken Mythologie

Isabel Grimm-Stadelmann

„Mein Herz schlug heftig, meine Arme fielen herab, ein Zittern überkam alle meine Glieder [...]." (Hornung 1979, 24)

Mit oben stehenden Worten beschrieb der Ägypter Sinuhe im zweiten vorchristlichen Jahrtausend (um 1900 v. Chr.) die gewaltige Angst, die ihn angesichts der Nachricht vom Tode Pharao Amenemhets I. (reg. ca. 1994–1975 v. Chr.) überfallen hatte und die seine überstürzte Flucht ins Ausland nach sich zog: „Ich entfernte mich in großen Sprüngen, um mir ein Versteck zu suchen" (Hornung 1979, 24). Aus der Erzählung erfahren wir nur den Angstauslöser, nämlich die Todesnachricht sowie, damit verbunden, die Mitteilung über die unmittelbar bevorstehende Ankunft des Thronfolgers, Sesostris I. (reg. ca. 1956–1910 v. Chr.), nicht jedoch die konkrete Ursache von Sinuhes Angst und ob diese überhaupt begründet war (war er als Palastbeamter etwa in eine Verschwörung verstrickt gewesen?). Sinuhes impulsive und zunächst völlig unkontrollierte Flucht führte ihn schließlich nach Palästina, wo er zu hohen Ehren gelangte. Von Heimweh geplagt, konnte er gegen Ende seines Lebens eine Begnadigung durch Sesostris I. erwirken, verbunden mit der Erlaubnis zur Rückkehr in die Heimat, wo er, zu den näheren Umständen seiner Flucht befragt, diese als unkontrollierte und völlig grundlose Panikreaktion erklärte:

1 Angst in der antiken Mythologie

> „Diese Flucht, die meine Wenigkeit unternommen hat – sie war nicht überlegt, sie entsprang nicht meinem Willen, ich hatte nie daran gedacht und merkte nicht, daß ich mich vom Ort getrennt hatte. Es war wie eine Traumerscheinung [...]. Ich war nicht in Furcht geraten, niemand lief hinter mir her, ich vernahm keine Schmährede, meinen Namen hörte man nicht im Mund des (öffentlichen) Ausrufers. Vielmehr: mein Körper schauderte, meine Beine liefen davon, mein Herz lenkte mich, der Gott, der diese Flucht bestimmte, zog mich fort."
> (Hornung 1979, 34)

Die Geschichte von Sinuhe zeigt demnach die charakteristische Interaktion von gravierender Angstsymptomatik und impulsiver Panikreaktion, welche sich in einem unreflektierten Fluchtreflex manifestiert, wobei dem primären Angstgefühl die Funktion eines biologischen Gefahren-Frühwarnsystems zukommt, das als elementar-animalische Funktion irrational und vom betroffenen Individuum unreflektiert abläuft (vgl. Böhme 2008, 169).

Das Phänomen der Angst in seinen unterschiedlichen Erscheinungsformen (Furcht, Schrecken, Panik, Terror) sowie als Auslöser vielfältiger physischer und psychischer Reaktionen war als elementarer Bestandteil der menschlichen Existenz bereits in den frühesten Kulturen omnipräsent und wurde literarisch thematisiert. Komplexe mythologische Systeme überliefern bereits die altorientalischen Quellen, lange vor der Entstehung der klassisch-antiken Mythologie, doch zeigen die weitgehend übereinstimmenden Grundmotive, dass es hier um essenzielle Fragestellungen einer transkulturellen Menschheit schlechthin ging, nämlich um den Umgang mit impliziten und tief verwurzelten (Existenz-)Ängsten.

In seiner ausführlichen tiefenpsychologischen Analyse der altorientalischen Mythenkreise führt Franz Renggli den Ursprung sämtlicher Ängste auf tief verwurzelte Geburts- und frühkindliche Trennungstraumata zurück, die allen Hochkulturen immanent seien und letztendlich ihre Visualisierung in einer schreckenserregenden und von Gewalt regierten Mythologie fänden: „Wenn wir uns auf einer tiefen Ebene auf diese Mythen einlassen, finden wir in ihnen einen Schlüssel zum Verständnis der eigenen Ängste und Hoffnungen, der eigenen Verletzungen und Traumata [...]" (Renggli 2001, 19). Auf dieser Ebene finden die mythologischen Erzählungen ihre Entsprechung in der Märchenwelt.

1.1 Mythologische Angstbewältigung durch Personifikation von Naturgewalten

Am Beginn jeglicher Mythologie stehen komplexe Schöpfungsmythen, welche die Entstehung der Welt aus ihren unterschiedlichen Elementen (Erde, Luft, Wasser und Feuer) erklären, aber auch die Existenz der Naturgewalten, denen der Mensch zeit seines Lebens ausgeliefert ist, als Aktionen ebendieser, als Urgottheiten personifizierter Elementarkräfte, deuten. Die vielleicht älteste Quelle abendländischer Mythologie, die um 700 v. Chr. entstandene *Theogonie* des griechischen Dichters Hesiod, zentriert die Entstehung des Kosmos und der darin befindlichen Wesenheiten um insgesamt sechs Urgottheiten: Chaos (die Unordnung), Gaia (die Erde), Tartaros (die Unterwelt), Eros (die sinnliche Liebe und Fruchtbarkeit), Erebos (die Finsternis) und Nyx (die Nacht), aus welchen wiederum sämtliche andere Gottheiten hervorgehen. Bemerkenswert ist bereits in Hesiods Urgötterkreis eine Dominanz der Personifikationen von Nacht, Finsternis, Chaos und Totenreich – den archetypischen Angstfaktoren, welchen durch ihre Personifikation als Gottheiten und die damit verbundene (transzendente) Körperlichkeit eine Art von materieller Manifestation verliehen wurden, die den Menschen wiederum den Umgang, aber auch eine konstruktive Auseinandersetzung mit ihnen ermöglichen sollte.

Die Überzeugung, dass es sich bei sämtlichen angsteinflößenden Naturphänomenen, wie beispielsweise Erdbeben, Gewitter und Sturm, Tsunamis, Flut- (,Sintflut') und Brandkatastrophen (Vulkanausbrüche, ,Weltenbrand' und letztendlich ,Götterdämmerung'), um göttliche oder dämonische Manifestationen handele, führte zu einer sukzessive differenzierter werdenden Personifikationsebene existenzgefährdender Angstauslöser und damit zur Konstitution eines umfassenden und hierarchisch gegliederten Pantheons als zweiter entscheidender Entwicklungsstufe der Mythologie. Protagonisten sind nun nicht mehr allein die personifizierten Naturgewalten, sondern sämtliche als negativ und bedrohlich empfundene „Widerfahrnisse" (Georg Picht), auch diejenigen, die sich aus dem menschlichen Zusammenleben und den dadurch entstehenden Aggressionen ergeben, so z. B. Krieg und Gewalt, Hass und Streit, Krankheit, Verlust und Tod.

1 Angst in der antiken Mythologie

Im Rahmen einer derart fortschreitenden und auf Angstbewältigung hin ausgerichteten kulturellen Entwicklung fungierte die Mythologie als Medium der Angstverlagerung auf eine transzendente Ebene, mit der man sich durch Religion, Ritus und diverse Kultformen (Begräbnis-, Toten- und Ahnenkulte) zu verständigen vermochte, was wiederum zur Konsolidierung gesellschaftsinterner Sozialstrukturen und Moralvorstellungen bis hin zu einem als verbindlich betrachteten Werte- und Rechtssystem führte. Die genaue Zuweisung von strikt definierten Zuständigkeitsbereichen an einzelne Gottheiten (Kriegsgott, Wettergott, Liebesgöttin, Krankheitsdämonen etc.) verhalf den Menschen wiederum, ihren jeweiligen Ängsten einen konkreten Ansprechpartner zuzuordnen, mit dem sie in einen Dialog (Opferhandlung, Gebet) treten und somit zielgerichtet agieren konnten.

1.2 Heldenmythen als Vehikel individueller Angstbewältigung

Die dritte Stufe der mythologisch visualisierten Angstbewältigung konzentrierte sich nun nicht mehr auf das Kollektiv der Menschheit in Auseinandersetzung mit der Götterwelt, sondern auf das Individuum als Katalysator von Angsterfahrung und -überwindung mit implizitem Vorbildcharakter, den Helden oder *Heros*. Dieser vollbringt außergewöhnliche Taten, indem er die Personifikationen der Angst, zumeist in Gestalt von grauenvollen Erscheinungen (z.B. Dämonen und dämonische Mischwesen, chthonische Monster wie Drachen oder Schlangen, Meeresungeheuer wie Skylla und Charybdis bei Homer), unter Aufbietung übermenschlicher Kräfte und Tapferkeit überwinden, besiegen und in letzter Instanz vernichten, d.h. aus der Welt schaffen – oder aber, wie im Perseusmythos, einer positiveren Bestimmung zuführen kann.

Perseus nämlich, einem *Heros* der griechischen Mythologie, gelang es mithilfe der Göttin Athene, die *Gorgo Medusa* als idealtypische Verkörperung des Schreckbildes, bei dessen Anblick jeder versteinern musste, zu erschlagen. Nach vollbrachter Tat überreichte er das abgeschlagene Gorgonenhaupt der Athene, die es seither als mächtiges *Apotropaikon* auf ihrer *Aigis* trug (*Gorgoneion*) und unheilabwendend einsetzte. Der Perseusmythos zeigt sehr deutlich, dass der *Heros* der griechischen Mythologie ausschließlich in engster Zusammenarbeit mit seiner persönlichen Schutzgottheit zu solch außergewöhnlichen Taten imstande ist, also nicht unbedingt aus eigener Kraft, sondern aufgrund besonderer Qualifikationen, sei es aufgrund von (göttlicher) Abstammung oder besonderer Frömmigkeit, welche ihn für die göttliche Protektion prädestinieren.

Heldenmythen, in deren Zentrum die Überwindung der Angst vor Naturkatastrophen stehen, besetzen in sämtlichen antiken Kulturen einen besonderen Stellenwert, wobei analoge Grundmuster deutlich zu erkennen sind: so erinnert der altorientalische, um den *Heros* Gilgamesch zentrierte Sintflut-Mythos in vielen Einzelheiten an die alttestamentliche Episode um Noah, gleichermaßen aber auch an den antik-griechischen Deukalionmythos.

Auch der Mythenkreis um den ‚Weltenbrand', der in der nordisch-germanischen Sagenwelt in letzter Instanz zu der von Richard Wagner vertonten ‚Götterdämmerung' führt, besitzt eine Parallele in dem (ebenfalls mehrfach in Musik gesetzten, so beispielsweise von Jean-Baptiste Lully im 17. Jh.) Mythos um Phaeton, den Sohn des Sonnengottes, der sich in prahlerischer Absicht anmaßt, den Sonnenwagen seines göttlichen Vaters steuern zu können und damit fast den Weltenbrand verursacht – die drohende Gefahr kann nur durch das Eingreifen des Sonnengottes selbst abgewendet werden, Phaeton selbst muss seine *Hybris*, seine Überhebung über das ihm zustehende Maß hinaus, allerdings mit dem Leben bezahlen. Heldenmythen erfüllen demnach nicht ausschließlich die Funktion einer individuellen Angstbewältigung, sondern implizieren zudem auch einen moralischen Auftrag, nämlich die an das Individuum gerichtete Warnung, trotz der Möglichkeit einer (punktuellen) Angstüberwindung durch persönliches Heldentum den Rahmen der menschlichen Existenz zu respektieren und nicht in Überhebung (*Hybris*) zu verfallen.

1.3 Semantik der Angst

Parallel zur Vielfalt der Personifikationen der unterschiedlichen Spielarten und Intensitäten von Angst entwickelte sich auch in sprachlicher Hinsicht ein breit gefächertes Spektrum, die Angstsymptomatik in

Worte zu fassen. Bemerkenswert hierbei ist die Konzentration der Terminologie auf eine Illustration ausschließlich körperlicher Symptome, die sich bis in die aktuelle Gegenwart nahezu unverändert erhalten hat, wenn wir auch heute noch davon sprechen, dass sich aufgrund von Angst die Haare sträuben, die Augen weit aufgerissen und die Pupillen geweitet sind, die Ohren sausen, der Atem stockt (häufig auch das Bild der zugeschnürten Kehle), die Stimme versagt, das Herz entweder unregelmäßig schlägt oder gänzlich aussetzt, der Puls rast, die Knie weich werden oder der gesamte Körper von Angstschweiß und Tremor bis hin zu Lähmungserscheinungen, Krämpfen und kompletter Starre regiert wird.

Die Semantik des Wortes ‚Angst' (griech. ἄγχω, ἄγξω; lat. ango: wörtl. Bed. ‚zuschnüren', ‚zusammenpressen', ‚den Atem entziehen', ‚erdrosseln', ‚erwürgen', ‚henken', Medium: ‚sich erhängen', ‚sich ängstigen'; verwandt mit dem deutschen Wort ‚Enge'; Subst. lat. angor, anxietas: ‚Beklemmung', ‚Angst') steht nicht nur mit dem Bild von der ‚zugeschnürten Kehle' in Zusammenhang, sondern auch mit dem Krankheitsbild der *Angina* (griech. συναγχή, κυναγχή, worunter zumeist nicht *Angina pectoris*, sondern *Diphtherie* verstanden wurde). Dessen beängstigende Symptomatik, verbunden mit Schluck- und Atembeschwerden bis hin zu Erstickungsanfällen, wurde ausführlich von den antiken und mittelalterlichen Ärzten beschrieben, wobei aufgrund der akuten Bedrohung, die mit dieser Symptomatik verbunden wurde, gelegentlich sogar versucht wurde, die herkömmliche Therapie mit iatromagischen Methoden zu ergänzen. Die römische Mythologie (vgl. Schwenck 1845, 298) wiederum kennt eine Göttin namens *Angerona* oder *Angeronia*, der ein eigenes Fest, die *Angeronalien*, gewidmet war (darüber berichtet Varro). Das Bildnis dieser *Angeronia* befand sich auf dem Alter der *Volupia* (Göttin der Lust) und zeigte eine Frauengestalt mit verbundenem und versiegeltem Mund. Zur Interpretation dieser Darstellung überliefern die römischen Quellen unterschiedliche Varianten: so z.B. die *heroische*, die besagt, dass derjenige, der seine Angst schweigend und geduldig erträgt und somit schließlich überwindet, mit der höchsten Lusterfahrung belohnt werde (Masurius), oder die *medizinische*, die in der Darstellung ein Votiv anlässlich der Befreiung Roms von der grassierenden *Angina* sieht (Julius Modestus).

1.4 Protagonisten der Angst – Phobos und Deimos

Im Gefolge des Kriegsgottes *Ares* (röm. *Mars*) befanden sich, der Mythologie zufolge, *Phobos* und *Deimos* (röm. *Pavor* und *Pallor*), die Verkörperungen von Furcht und Schrecken, welche insbesondere im Rahmen von akuten kriegerischen Auseinandersetzungen zusammen mit *Eris*, der Personifikation des Zwistes, auftreten. Zur Beschreibung der Auswirkung einer solchen Konstellation griff Homers *Ilias* wiederum auf die Grundlagen der Mythologie, den Vergleich mit angsteinflößenden Naturgewalten zurück, wenn die sich gegenüberstehenden Schlachtreihen der Griechen und Trojaner mit dem stürmischen Meer und bedrohlich hohem Wellengang verglichen werden:

„[...] da hätte auch den Standhaften Schrecken ergriffen,/wie sich die Meeresflut am widerhallenden Strande/Woge für Woge erhebt, getrieben vom Wehen des Westwinds;/ draußen auf offener See behelmt sie zuerst sich, doch später/braust sie laut, sich am Festland brechend, und um die Klippen/bäumt sie gebogen sich hoch und speit von sich den Salzschaum." (Ilias 4, 421–426, übers. v. R. Hampe 2004; zitiert nach Böhme 2008, 158f.)

Nachdem *Eris* zunächst den Streit angefacht hatte, treten *Phobos* und *Deimos* als Kombination aus aktiver Drohung und passivem Schrecken in Aktion, wobei insbesondere ersterer als transpersonale Macht, nicht als interne Gefühlsregung einzelner Krieger, verstanden wurde. *Phobos*, für den sogar eigene Kulte und Opferzeremonien nachgewiesen sind (z.B. in Sparta, oder auch in Plutarchs *Vita* Alexanders des Großen), verkörpert hier das dynamische Element, indem er sich zwischen den beiden Heeren aufbaut und sich gleichzeitig als aktiv furchteinflößender Angstfaktor wie auch als Verursacher einer kollektiv raumfüllenden Furcht erweist, analog zu der transitiven und intransitiven Verwendung des griechischen Verbs *phobeo* (φοβέω). Dies ist auch der Ansatzpunkt für die griechischen Tragiker (Aischylos, Sophokles und Euripides), wenn sie die Auswirkungen des *Phobos* als raumfüllende und insgesamt besitzergreifende Angst charakterisieren: „*Phobos* schließt mein Gemüt ein" (Aischylos, zitiert nach Böhme 2008, 162), mehr noch, als eine Art atmosphärischer Macht, in deren Zentrum das *Tremendum* steht (so dann bei den Historikern Herodot und Thukydides).

Eng verbunden mit *Phobos* ist sein Bruder *Deimos*, dem bei Homer weniger Individualität als dem *Phobos* beigemessen wird, der aber umso mehr mit dem Wortfeld *deima/deos* (griech. δεῖμα/δέος) in Zusammenhang gebracht werden kann, als Manifestation des durch göttliche Willkür verursachten Schreckens, dem der Mensch ausschließlich mit Respekt und Ehrfurcht begegnen kann. *Deimos/Deima* tritt genau dann in Aktion, wenn das leibhaftige Erscheinen der Götter in den Menschen zunächst maßloses Erschrecken, in der Folge dann eine konstante Angst erzeugt, zu deren Bewältigung dann *Deos*, die Gottesfurcht, ihren Ausdruck in kultischen Handlungen findet. *Deimos* kann sich in seiner unerwarteten Abruptheit sogar als tödlich für den Menschen erweisen, so für Semele, die Geliebte des Zeus – der nicht zu Unrecht den Beinamen *Deimatios*, ‚der in Schrecken versetzt', trägt – deren Wunsch, ihren Geliebten in seiner göttlichen Gestalt zu erschauen, sich für sie als unerträglich erweist: sie verglüht beim Anblick des Zeus zu Asche.

1.5 Pan als Verursacher der Panik

Das Einwirken von *Phobos* und *Deimos* kann entweder zu Erstarren und kompletter Handlungsunfähigkeit, oder aber – wie im Falle des Ägypters Sinuhe – zu unkontrollierter reflexartiger Flucht führen, zumeist als ‚Panikreaktion' bezeichnet. Auch hinter dieser Terminologie verbirgt sich eine Gottheit, nämlich der Hirtengott Pan, der als Naturgottheit sowohl heilende Kräfte (Pausanias berichtet von Pestheilungen durch Pan im attischen Gebiet) besaß, wie auch eine erschreckende Unberechenbarkeit. Erstmalig begegnet der Begriff der *Panik* als einer von Pan hervorgerufenen kopflosen Furcht im 4. Jh. v. Chr.; die Begriffe dafür variieren im Griechischen vielfältig, so z.B. πανικὸς φόβος, πανικὸς θόρυβος, πανικὸν δεῖμα, πανικὸς οἶστρος, πανικὴ ταραχή, πανικόν, bedeuten aber sämtlich nahezu dasselbe, nämlich Panik, panische Furcht, panischer Schrecken oder panisches Entsetzen. Später dann (um 180 n. Chr.) berichtet Pausanias von Pans göttlichem Beistand während der Schlacht von Marathon, indem er das persische Heer in der Nähe seines Heiligtums bei Marathon in Panik versetzt habe: „Auch ein zur Hauptsache sumpfiger See ist in Marathon. In diesen gerieten die Barbaren auf ihrer Flucht aus Unkenntnis der Wege, und die Hauptverluste sollen sie hier gehabt haben." (Paus. 1, 32, 7, zit. nach Pausanias 1979, 91; eine weitere Stelle bezieht sich auf die Panik der Galater bei ihrem Angriff auf Delphi: Paus. 10, 23, 7, zit. nach Holzhausen 2006).

Die bekannteste Version der Sage über die Entstehung des ‚panischen Schreckens' (*panikon deima*, griech. πανικόν δεῖμα), die insbesondere während der römischen Kaiserzeit große Verbreitung fand (Plutarch, Artemidor, Polyainios und Appian), geht auf den bukolischen Dichter Theokrit (3. Jh. v. Chr.) zurück, der in einem Schäferidyll davor warnt, um die Mittagszeit Geräusche oder Musik zu machen, weil zu dieser Zeit Pan, ermüdet von der Jagd, *Siesta* halte und, aus dem Schlaf aufgeschreckt, durch seinen Zornesschrei die Herden in sinnlose Massenflucht jage (eine vergleichbare Aktion berichtet auch die tschechische Sage von dem Mittagsdämon Poledniček). Der griechische Text beschreibt recht plastisch das heftige Temperament des Gottes, das sich, wenn gereizt, in ‚galligem' Wutschnauben äußert (Theokr. Idyll. 1, 15; zitiert nach Hopkinson 2015, 20f.). Der panische Schrecken befällt jedoch nicht nur Menschen- oder Tieransammlungen, sondern kann als ‚Panolepsie' auch Einzelpersonen treffen (in der griechischen Tragödie v.a. bei Euripides beschrieben) – so wie den Ägypter Sinuhe, dessen Reaktion wohl als eine solche ‚Panolepsie' zu erklären wäre.

1.6 Der ‚Neid der Götter' als Angstfaktor

Göttliche Willkür und Unberechenbarkeit ist ein nicht zu unterschätzender, transkultureller und deshalb in sämtlichen Mythenkreisen immer wieder und in vielfältigen Facetten thematisierter Angstfaktor, so bereits im Alten Orient, wenn die Göttin Innana ihren Geliebten Dumuzi ihrer eigenen Machtgier opfert und den Vertretern des Totenreiches überantwortet, in der altägyptischen Literatur, wenn der auf einer Insel gestrandete ‚Schiffbrüchige' sich unversehens mit einer göttlichen Schlange konfrontiert sieht, vor der er in Schrecken erstarrt, zum einen aufgrund ihres furchteinflößenden Auftretens, zum anderen aber auch, weil er nicht einschätzen kann, was der anonyme Schlangengott mit ihm vorhat.

1 Angst in der antiken Mythologie

Auch in der griechischen Mythologie findet sich diese Thematik des Öfteren, insbesondere gekoppelt mit zwei weiteren Motiven: dem menschlichen Fehlverhalten (Frevel, *Hybris*), das Strafe erfordert, doch ebenso auch dem göttlichen Fehlverhalten, getragen von dem Neid der Götter auf menschliches Glück. Letzteres erweist sich für die betroffenen Menschen als äußerst fatal, da sie schuldlos vernichtet werden, und beinhaltet damit einen gravierenden Angstfaktor, der sich am ehesten als *Determination* durch ein ‚blindes Schicksal' beschreiben lässt (die Ödipus-Sage ist das wohl eindrücklichste Beispiel hierfür).

Dieser Faktor konstituiert ein zentrales Thema der griechischen Tragödie, wobei dem gottgesandten Schrecken (*Phobos*) das menschliche Mitleid (*Eleos*) als eine Form zwischenmenschlicher Solidarität gegenübergestellt wird, mit dem Ziel, eine Reinigung (*Katharsis*) herbeizuführen, die wiederum, in letzter Instanz, die menschliche Größe als Befreiung von der Angst vor schicksalhaftem Determinismus demonstriert. Die Gottesfurcht (in dieser Nuance nicht mehr *Deimos/Deima*, sondern ausschließlich *Deos*) als Furcht vor den Göttern wird von diesen, wie die zahlreichen mythologischen Erzählungen verdeutlichen, zumeist brutal und gewaltsam durchgesetzt (so z.B. die verheerende Seuche, die das Lager der Griechen überfällt, als Rache des Apollon für die Kränkung seines Priesters in der *Ilias*, 1, 33ff.), sodass Kulterfüllung und Frömmigkeit in erster Linie Handlungen umfassen, die, geboten von permanent vorhandener latenter Angst, primär der Angstverlagerung bzw. Angstvermeidung dienen: die Reaktion auf göttliches Handeln steht als Schauder, Furcht, Schrecken, oder Scheu demnach ganz im Einflussbereich der Angst, sodass die durch die mythologische ‚Erschaffung' der Götter bezweckte Angstbewältigung vielmehr zu einer Angststeigerung aufgrund der permanent vorhandenen latenten Bedrohung durch ebendiese Götter transformiert ist.

Auch innerhalb des Monotheismus wird dieser Angstcharakter beibehalten, sogar durch die Konzentration auf einen einzigen Gott noch verstärkt, wenn im Alten Testament Jahwe als der Gott, der Furcht und Schrecken (wiederum ein Aktionsfeld für *Phobos* und *Deimos*?) verbreitet, charakterisiert wird (z.B. Genesis, Propheten) und der Anblick von Jahwes Antlitz, analog zu dem des griechischen Zeus, als furchterregend und tödlich (*Deimatios?*) beschrieben wird (Jesaja). Die Erscheinung Jahwes lässt den Menschen seiner Sünde bewusst werden und erfüllt ihn mit Schrecken (*fürchte dich nicht* ist eine stereotype Formel in der Bibel; die Gottesfürchtigen werden als *phoboumenoi* [griech. φοβούμενοι] bezeichnet) – ähnlich der Konfrontation des altägyptischen ‚Schiffbrüchigen' mit dem Schlangengott.

1.7 Angstbewältigung durch *Ratio*

Während sich die verschiedenen Ausprägungen der aus der Mythologie erwachsenen Religionen immer stärker in Richtung einer Angststeigerung statt Angstbewältigung entwickelten, versuchte die griechische Philosophie, parallel zur Affekttransformation in der Tragödie, durch Rationalität (Stoa, Epikur) und sittliche Autarkie (Platon, Aristoteles) neue Wege der Angstbewältigung zu beschreiten, unter Verzicht auf die als Götter personifizierten Angstfaktoren der Mythologie. Hierzu war zunächst eine Neudefinition der zugrundeliegenden Körper- und Gefühlskonzepte notwendig: während in der Mythologie Gefühle stets als körperliche Symptome mit Sitz im Herzen (*thymos*, als dem ‚mutvollen' Organ) oder Zwerchfell (*phren*, das ‚Bauchgefühl') beschrieben werden, konzentrierte sich die antike Philosophie auf die innere Reflexion von Emotionen und deren Regulierung durch Vernunft, Einsicht und (wissenschaftliche) Erkenntnis, um solcherart letztendlich eine Form der Angstbewältigung durch rationale Transformation des *Phobos* zu erreichen.

Eine Art von Synchronisierung mythologischer Personifikationsstrukturen und individuellen Gefühlskonzepten begegnet bereits in der antiken Tragödie, wenn das körperinterne Ausbreiten emotionaler Regungen als eine Form des Besitzergreifens, vielleicht sogar der Besessenheit geschildert wird. Den Gefühlen kommt hierbei die aktive Rolle zu, während die Menschen die Besitzergreifung als passive Opfer erdulden müssen – und dies erinnert sehr deutlich an altägyptische Dämonenkonzepte, insbesondere Krankheitsdämonen, die sich über die sieben Öffnungen des Kopfes Zugang zum menschlichen Körper verschaffen, um dort, von innen heraus, quasi als *Incubi*, von ihm Besitz zu ergreifen, um ihn schließlich zu zerstören. In ähnlicher Weise verlieh der Historiker Thukydides im 5. vorchristlichen Jahrhundert, im Zuge seiner Schilderung der ‚attischen Seuche', dem Phänomen der Ansteckung Ausdruck, indem er es als ‚Anfüllen mit dem Krankheitsstoff' bezeichnete.

Der enge Zusammenhang zwischen kombinierten Dämonenvorstellungen und Angstkonzepten wird ferner durch die Vielzahl von (Universal-) Amuletten, die ausdrücklich gegen sämtliche *Dämonen und Phoboi* (πρὸς δαίμονας καὶ φόβους) gerichtet sind, untermauert, wie auch durch die transformierte Rolle des *Phobos* in den hermetischen und gnostischen Überlieferungen, wo er nicht mehr im Gefolge des Kriegsgottes Ares auftritt, sondern als bösartiges Nachtgespenst in einem Atemzug mit den seuchenbringenden ‚Mittagsdämonen' genannt wird, die insbesondere für diverse Fiebersymptomatiken, Malaria und Anfallsleiden verantwortlich gemacht wurden. In diesen Kontext gehören weiterhin die furchteinflößenden ursprünglich altorientalischen Dämonen, wie beispielsweise *Lamaschtu*, die personifizierte Angst (vgl. Renggli 2001, 30f.), die in der jüdischen Überlieferung als *Lilith* und in griechischen Quellen als *Gyllou* oder *Abyzou* ihr Unwesen treibt: als Manifestation des Bösen schlechthin, versehen mit einem Löwenkopf, Eselsohren, Hundezähnen, Klauen statt Händen und Füßen sowie mit blutgesudelten Brüsten, zeichnet sie verantwortlich für die Vernichtung jeglicher Vegetation und Fruchtbarkeit, für Früh- und Fehlgeburten, plötzlichen Kindstod, Kinderkrankheiten, sämtliche Fieber, Schüttelfrost – kurz, für sämtliche fürchterlichen Schicksalsschläge, mit denen sich die Menschen immer wieder und plötzlich konfrontiert fanden. Nachtgespenster treten oftmals auch als halluzinogene Dämonen, die Alpträume und Schlaflosigkeit auslösen, in Erscheinung, wie beispielsweise der in byzantinischer Zeit von dem Universalgelehrten Michael Psellos (11. Jh. n. Chr.) eingehend analysierte *Babutzikarios*, der von Psellos allerdings als von überreizter Phantasie herrührendes Augensymptom wegrationalisiert wird.

1.8 Heilkunde als Mittel der Angstbewältigung

Die Angst vor dem Verlust der Gesundheit, vor schmerzhaften, langwierigen und häufig letal endenden Leiden oder furchteinflößenden Begleit-

1.8 Heilkunde als Mittel der Angstbewältigung

erscheinungen komplexer Krankheitsbilder (wie beispielsweise im Falle von Anfallsleiden wie Epilepsie oder dergl.) ist eine Grundangst, die der Menschheit seit Urzeiten implizit ist. Der Umgang mit solchen Ängsten fand entweder auf mythologischer Ebene statt, indem man die Verantwortlichkeit für das Vorhandensein von Krankheit und Leid Göttern, mehr aber noch negativen und auf Krankheit spezialisierten Dämonen zuwies, oder im Bereich der rational-naturwissenschaftlichen Heilkunde, die sich, basierend auf einer traditionellen Quellenbasis (das *Corpus Hippocraticum* und die Schriften Galens), an rationalen Erfahrungswerten, Fallbeispielen und gelegentlich auch individuellen Experimenten orientierte.

Die aus Antike und Mittelalter überlieferten Quellen verbinden diverse Ängste stets mit konkreten Krankheitssituationen: entweder als Begleiterscheinungen komplexer physischer oder psychischer Leiden, wie beispielsweise als Symptom von Gehirnentzündung, Atemwegserkrankungen, Anfallsleiden oder Infektionskrankheiten wie Tollwut und Malaria, häufig gekoppelt mit Fiebersymptomatik, oder aber als konkrete Reaktion einzelner Patienten auf (Fehl-)Medikationen (Vergiftungserscheinungen, Überdosierung) und therapeutischen Maßnahmen (Angst vor Operationen). Die Quellen schildern solche Angstsymptomatiken zumeist sehr detailliert und zeigen deutlich, dass der antike und insbesondere der byzantinische Arzt stets bemüht war, im individuellen Patientengespräch das Irrationale der Angstempfindung durch die rational-logische Interpretation der jeweiligen Symptomatik, häufig sogar durch eine entsprechende Prognostik des mutmaßlichen Krankheitsverlaufes abzumildern: Angstbewältigung also durch rationale Erklärung der Angstfaktoren. Doch auch im Bereich der professionellen Heilkunde sind die Grenzen fließend und die reichhaltige Quellendiversität von der Antike bis in die Neuzeit zeigt ganz unterschiedliche Fokussierungen, die sich in einer Vielfalt an Kombinationen zwischen den erklärten Antipoden einer kompromisslos rationalen Medizinauffassung und einer iatromagisch orientierten Volksheilkunde bewegen.

1.9 Angstbewältigung im Christentum

Die Erlösungsbotschaft des Christentums schließlich stellt die Synthese aus sämtlichen altorientalischen und antiken mythologischen und philosophischen Konzepten der Angstbewältigung dar, indem es die Überwindung der klassischen Heroenmythologie impliziert: Christus agiert zunächst wie der mythologische *Heros*, indem er aufgrund seiner göttlichen Abstammung für die Überwindung der Angst prädestiniert ist und diese mithilfe seines göttlichen Vaters auch in die Tat umsetzt. Hinzu kommt das aus der orientalischen Mythologie entlehnte Motiv des Opfertodes des *Heros* (Vorbild ist hier das Opfer Dumuzis), das im Christentum mit dem Motiv der Auferstehung eine neue Komponente erhält. Christus erhebt sich damit über die Stufe des Heroentums hinaus und verspricht nachhaltige Angstbewältigung, da er den Tod selbst, als den größten Angstfaktor der Menschheitsgeschichte, zu besiegen vermochte.

Auch im Christentum spielen jedoch *Phobos* und *Deimos*, die Protagonisten der Angst, eine entscheidende Rolle: Christus selbst ist nicht frei von Furcht und findet sich immer wieder in Angstsituationen – allein jedoch, dass er seine Angst thematisieren und über sie reden kann, macht den Unterschied und relativiert ihren Schrecken. Furcht und Schrecken sind im Christentum jedoch nicht mehr nur ausschließlich als negative Mächte, denen der Mensch hilflos ausgeliefert ist, charakterisiert, sondern haben als Manifestation des Staunens (*thaumazein*) über ein Wunder bzw. eine himmlische Erscheinung oftmals sogar Katalysatorfunktion.

Obgleich das Christentum wohl als die nachhaltigste und weitreichendste Form der Angstbewältigung durch ein religiöses System gelten darf, bedient es sich gleichzeitig selbst wiederum ausgesprochen starker Angstmechanismen, um die Frömmigkeit der Gläubigen stets von Neuem zu aktivieren: apokalyptische Angstvisionen stellen den Glauben diverser Heiliger stets von Neuem auf die Probe und insbesondere die beiden Extreme Himmel und Hölle fungieren als Antipoden der Angst (Böhme 2008, 169). Die hierbei literarisch und bildlich heraufbeschworenen Höllenszenarien greifen antike Unterweltsvorstellungen (hier liegt der primäre Angstfaktor weniger in prospektierten Höllenqualen,

1.9 Angstbewältigung im Christentum

sondern vielmehr in der Aussicht auf eine sinnentleerte Existenz als Schatten) auf, kombinieren diese mit spätantiken Dämonologien und transformieren sie entsprechend. Entscheidender Faktor der Angstbewältigung und absolutes *Novum* im Christentum ist das Prinzip der Hoffnung, das weder die Mythologie noch die antike Philosophie impliziert.

Literatur

Bernert E (1941) s.v. Phobos. In: Paulys Real-Encyclopädie der classischen Altertumswissenschaft (RE) 20/1, 309–318

Böhme H (2008) Vom *phobos* zur Angst. Zur Transformations- und Kulturgeschichte der Angst. In: Harbsmeier M, Möckel S (Hrsg.) Pathos, Affekt, Emotion. Transformationen der Antike. Frankfurt a.M., 154–184

Brommer F (1956) s.v. Pan. In: Paulys Real-Encyclopädie der classichen Altertumswissenschaft, Supplement-Band 8, 949–1008

Dihle A, Waszink JH, Mundle W (1972) s.v. Furcht. In: Reallexikon für Antike und Christentum 8, 661–699

Grimm-Stadelmann I (2020) Untersuchungen zur Iatromagie in der byzantinischen Zeit. Zur Tradierung gräkoägyptischer und spätantiker medizinischer Zaubertexte [Byzantinisches Archiv Series Medica 1] Berlin/Boston

Holzhausen J (2006) Pan. In: Der Neue Pauly. Hrsg.v. Cancik H, Schneider H, Landfester M

Hopkinson N (2015) Theocritus: Moschus. Bion. Übers. u. hrsg. v. Hopkinson N. London, 20f.

Hornung E (1979) Die Erzählung des Sinuhe. In: Meisterwerke altägyptischer Dichtung. übertragen Hornung E. Zürich, München

Kerényi K (1964) Die Mythologie der Griechen. 2 Bde. Zürich

Leven K-H (Hrsg.) (2005) Antike Medizin – Ein Lexikon. München

Pausanias (1979) Beschreibung Griechenlands. Übers. u. hrsg. von Meyer E-. Band 1. München, Zürich

Renggli F (2001) Der Ursprung der Angst. Antike Mythen und das Trauma der Geburt. Mit einem Vorwort von Ludwig Janus. Düsseldorf, Zürich

Schulz W (1965) Das Problem der Angst in der neueren Philosophie. In: Ditfurth Hv (Hrsg.) Aspekte der Angst. Starnberger Gespräche 1964. Stuttgart, 1–14

Schwenck K (1845) Die Mythologie der Römer. Frankfurt a.M., 297f.

Wandruszka M (1981) Angst und Mut. Stuttgart

2 Ängste der deutschen Gesellschaft

Heinz Bude

Angst ist in modernen Gesellschaften ein Thema, über das man sich über alle sozialen Grenzen hinweg relativ schnell und problemlos verständigen kann. Über Angst kann die gläubige Muslima mit der kämpferischen Säkularistin, der verzweifelte Menschenrechtler mit dem liberalen Zyniker reden. Sie ist das Prinzip, das absolut gilt, wenn alle Prinzipien relativ geworden sind (Luhmann 2008, 158).

Angststörungen, so wie sie in spezifischen und diffusen Varianten in psychiatrischen Erhebungen festgestellt werden, zählen zu den häufigsten psychischen Störungen mit einem nicht selten chronischen Verlauf (Bandelow et al. 2014). Sie haben entgegen der allgemeinen Ansicht in den letzten Jahrzehnten aber nicht zugenommen. Wobei dieser Befund nicht so klar ist, weil sie in der Regel in Verbindung mit Depressionen, Suchterkrankungen und psychiatrisch nicht auffälligen Verstimmungen auftreten. Die einschlägige Forschung nimmt an, dass sich solche Angstzustände aus dem Zusammenspiel von psychosozialen, genetischen und neurobiologischen Faktoren klären lassen.

Wenn im Folgenden über Ängste in der deutschen Gesellschaft die Rede ist, dann sind nicht Angststörungen gemeint, die einen Krankheitszustand definieren, sondern Ängste, über die man sich im Blick über die

Veränderungen der deutschen Gesellschaft verständigen kann. Also nicht Panikattacken, die als körperliche und psychische Alarmreaktionen vor Prüfungen oder beim Betreten eines voll besetzten Aufzugs auftreten, sondern emotionale Bewertungen von Nachrichten über den Umfang unkontrollierter Einwanderung, über zunehmende Gewaltdelikte in Diskotheken mit jugendlichem Publikum, über die sich vertiefende Kluft zwischen Arm und Reich oder über die wachsende Bedrohung durch cyberkriminelle Banden. In diesem Sinn kann man sagen, dass sich die Gesellschaftsmitglieder in Begriffen der Angst über den Zustand ihres Zusammenlebens verständigen: wer weiterkommt und wer zurückbleibt; wo es zu sozialen Verwerfungen kommt und wo sich soziale Löcher auftun; was unweigerlich vergeht und was von grundlegendem Bestand ist. In Begriffen der Angst fühlt sich die Gesellschaft selbst den Puls (Bude 2014, 12).

2.1 Die Kommunikation von Angst in der Öffentlichkeit

Angstkommunikation ist allerdings in der Regel nicht von der wechselseitigen Akzeptanz der Ängste der anderen bestimmt, sondern intensiviert sich über bestimmten Reizthemen, welche die gemeinsame Vergewisserung über den Zustand des Gemeinwesens kontrovers werden lassen (Zur Stimmung der Gereiztheit Bude 2016). Drei Reizthemen springen einen heute sofort an. Das ist zum einen das Thema der Zuwanderung und deren Folgen für die Befindlichkeit der Einwanderungsgesellschaft. Dann das Thema der sozialen Ungleichheit und die Wahrnehmung einer sich vertiefenden sozialen Spaltung unserer Gesellschaft. Und schließlich das Thema der Krisenhaftigkeit des Kapitalismus, dem offenbar durch die gewohnten Methoden makroökomischen Krisenvermeidungs- oder Krisenbewältigungsstrategien nicht mehr so einfach beizukommen ist.

2.1.1 Das Reizthema Zuwanderung

Zuwanderung ist in der gesamten OECD-Welt ein Reizthema für die gesellschaftlichen Öffentlichkeiten. Die Angst betrifft hier das Verhältnis von Eigenem und Fremdem (Bielefeld 1998) im Blick auf soziale Wohl-

2.1 Die Kommunikation von Angst in der Öffentlichkeit

fahrt, politische Mitsprache und kulturelle Eigenheiten. Den Zuwandernden unterstellt man unangemessene Beanspruchung sozialer Rechte, verborgene politische Illoyalität und die unverblümte kulturelle Landnahme. Am Ende, so das vielfach bekräftigte Angstbild, kann man sich in seinem eigenen Land nicht mehr zu Hause fühlen.

In einer Erhebung von 2017 wurden fünf etwa gleich große Gruppen mit spezifischen Haltungen zum Reizthema Zuwanderung identifiziert: liberale Kosmopoliten, die für offene Grenzen und niedrige Hürden für die Einwandernden plädieren, humanitäre Skeptiker, die sich für offene Grenzen aussprechen, aber die Folgen unkontrollierter Einwanderung mit Sorge betrachten, ökonomische Pragmatisten, die Einwanderung befürworten, solange sie nützt, moderate Gegner von Einwanderung, die für die sofortige Rückführung von Straftätern und Trittbettfahrern unter den Einwandernden eintreten, und absolute Gegner, die jeder Form von Einwanderung widersprechen (The Economist 2018, 5). Zwanzig Prozent sind klar dafür und zwanzig strikt dagegen, dass mehr Menschen nach Deutschland einwandern – und die Mehrheit von sechzig Prozent ringt mit sich über ein moderates Dafür oder ein moderates Dagegen.

Bei dieser Mehrheit betrifft das Angstproblem die Unterscheidung zwischen Emigranten und Siedlern (Collier 2014, 99ff.). Man begrüßt unter Umständen Emigranten, die ihr persönliches Glück in der Ankunftsgesellschaft suchen und dafür viel auf sich nehmen und sich am Ende zu guten Nachbarn entwickeln und ihre Herkunft aus einem anderen Land als Teil ihrer persönliche Zuwanderungsgeschichte begreifen. Man reagiert aber mit Ablehnung auf Einwanderer, die ihre Lebensart in der Einwanderergemeinde pflegen und den Eindruck erwecken, als kämen sie als Siedler ins Land, die sich als Außenseiter, mit Norbert Elias gesprochen (Elias u. Scotson 1993), gegen die Etablierten stellen. Je zahlenmäßig größer eine Einwanderergruppe ist, um so langsamer verläuft die Absorption durch die Ankunftsgesellschaft, weil die Einwandernden dann mehr mit Ihresgleichen als mit den Einheimischen zu tun haben. Aber die Angst der Etablierten, im eigenen Land nicht mehr zu Hause zu sein, wächst, je mehr sie den Eindruck gewinnen, dass bei den Einwandernden das Emigrationsverständnis vom Siedlerverständnis überlagert wird.

Die proklamierte Angst ist hier die Folge einer vermuteten Verschiebung in der Machtbalance zwischen Etablierten und Außenseitern, die die Einheimischen dazu veranlasst, die normale Absorption von Einwandernden im Lauf der Zeit infrage zu stellen. Man meint, sich verteidigen zu müssen, obwohl man zweifellos in der Mehrheit ist, und besorgt sich in Kategorien der Kultur ums Eigene gegen das Fremde.

2.1.2 Die Angst, nicht mithalten zu können

Die emotionale Energie dieser in der Öffentlichkeit ausgetragenen Auseinandersetzungen erschließt sich aber nur dann, wenn man sie im Zusammenhang eines zweiten Angstthemas versteht, das für ein verbreitetes Unbehagen im Ganzen trotz zunehmender Zufriedenheit mit der persönlichen Situation sorgt (Schupp et al. 2013, 34–43): Das ist die Angst, nicht mithalten zu können und etwas Wichtiges zu verpassen. Man kann dieses Unbehagen so auf den Punkt bringen, dass wir heute einen Wechsel im gesellschaftlichen Integrationsmodus vom Aufstiegsversprechen zur Exklusionsdrohung erleben. Für die Generationen der Nachkriegszeit, die heute zwischen sechzig und achtzig und teilweise neunzig Jahre alt sind, hatte die Botschaft „Aufstieg durch Bildung" einen motivierenden Klang. Wer sich anstrengte und trotz erlebter Niederlagen und Zurücksetzungen Durchhaltevermögen an den Tag legte, konnte es zu etwas bringen. Der Umstand, dass bei den meisten der Zufall eine viel wichtigere Rolle spielte als die Ziele und Absichten, war deshalb hinnehmbar, weil man trotz allem auf einer Position landete, die man im Nachhinein als erworben und verdient ansehen konnte.

Dieser Glaube existiert nicht mehr. Der Lebenslauf wird durch eine Folge von Gabelungspunkten erlebt, an denen sich jeweils entscheidet, wer weiter kommt und wer zurückbleibt. Das beginnt bei der frühkindlichen Förderung im Kindergarten, verläuft über die Wahl der weiterführenden Schule, betrifft die Netzwerke, die einem weiterhelfen, und den Ort, an dem man hängengeblieben ist, und findet bei der Partnerwahl eine entscheidende Festlegung. Natürlich kann man vieles revidieren und nichts ist für immer verloren. Aber es kommt auf einen selbst an, was man aus den Ressourcen der eigenen Herkunft und aus den Gelegenheiten, die sich einem bieten, macht. Das war natürlich schon immer so, aber heute stellen sich viele die Frage, ob der Wille reicht, die Geschicklichkeit passt und das Auftreten überzeugt. Die Sicherheit durch das Vertrauen in den Zufall ist der Angst gewichen, sich richtig entschieden oder etwas verpasst zu haben oder sich bei dem ganzen Bemühen der Optionswahrung und des Entscheidungsvorbehalts gar selbst zu verfehlen. So ist die Angst tatsächlich, wie es bei Kierkegaard heißt, „die Wirklichkeit der Freiheit als Möglichkeit vor der Möglichkeit" geworden.

2.1.3 Angst ums Ganze der Gesellschaft

Das geschieht vor dem Hintergrund von zwei fühl- und sichtbaren sozialstrukturellen Veränderungen. In den letzten zwanzig Jahren ist auch in Deutschaland wie überall in der OECD-Welt ein neues Proletariat entstanden, das nicht mehr ein Proletariat der Industrie, sondern eins der Dienstleistung ist (dazu Bahl 2014; Staab 2014). „Einfache Dienstleistungen" in den Bereichen der Zustellung, in der Transportbranche, in der Gebäudereinigung, im Einzelhandel, in der Gastronomie und in der Pflege machen 12 bis 15 Prozent der Beschäftigten aus. Das sind „Dead-end jobs" ohne Aufstiegsperspektiven, in denen man für körperlich belastende und mental fordernde Tätigkeit ohne staatliche Aufstockung bei einer vollzeitigen und unbefristeten Beschäftigung nicht genug verdient, um in Städten wie Reutlingen, Bielefeld oder Regensburg über die Runden zu kommen. Wir haben hier eine kollektive Lebenslage vor Augen, die deshalb Klassencharakter hat, weil der Bus, in dem die Beschäftigen der „einfachen Dienstleistung" sitzen, wegen offener Grenzen immer voll ist.

Aber auch in der Mitte der Gesellschaft führen die Mikroturbulenzen in den Lebensläufen dazu, dass sich eine Spaltungslinie zwischen einem oberen und einem unteren Teil der gesellschaftlichen Mitte durchsetzt. Es stellt sich für die einzelnen oft erst mit Mitte vierzig heraus, dass sie trotz eines höheren Bildungsabschlusses und trotz eines starken beruflichen Engagements insofern auf das falsche Pferd gesetzt haben, als sie es mit Freunden und Bekannten zu tun haben, die sich mit zwei guten Einkommen in „lovely jobs" für ihre Kinder ganz andere Bildungsinvestitionen und für eine eigene Immobilie höhere Belastungen leisten können. So ergibt sich das Bild einer nach Maßgabe von Risiken und Ressourcen der Haushalte gespaltenen gesellschaftlichen Mitte. Die einen fühlen sich obenauf, die anderen sind von der „Angst vor Minderschätzung", wie Theodor Geiger das in einem legendären Aufsatz aus dem Jahre 1930 genannt hat (Geiger 1930), geschlagen.

Das dritte Reizthema findet hier Anklang. Das ist die Angst, die aus dem Verfall der „diffusen Legitimität" der kapitalistischen Grundverfassung unserer Gesellschaft resultiert. Ein „heimatloser Antikapitalismus" verwirrt in der gesellschaftlichen Mitte offenbar die politischen Geister, was sich überall in den Ländern der OECD-Welt in einer Dekonstruktion des politischen Feldes, so wie man mit der Parteienlandschaft der Nachkriegszeit kannte, niedergeschlagen hat. Es entstehen prokapitalistische Parteien mit antikapitalistischer Systemkritik, es vermischen sich Fremdenfeindlichkeit, Systemopposition und Fundamentalrestauration und es ergeben sich bisweilen unheimliche „Querallianzen".

Im Hintergrund rieselt die Angst, dass die Zukunft nichts Gutes verheißt und niemand sich auf nichts verlassen kann.

Literatur

Bahl F (2014) Lebensmodelle in der Dienstleistungsgesellschaft. Hamburg

Bandelow B, Wiltink J, Alpers GW, Benecke C, Deckert J, Eckhardt-Henn A, Ehrig C, Engel E, Falkai P, Geiser F, Gerlach AL, Harfst T, Hau S, Joraschky P, Kellner M, Köllner V, Kopp I, Langs G, Lichte T, Liebeck H, Matzat J, Reitt M, Rüddel HP, Rudolf S, Schick G, Schweiger U, Simon R, Springer A, Staats H, Ströhle A, Ströhm W, Waldherr B, Watzke B, Wedekind D, Zottl C, Zwanzger P, Beutel ME (2014) S3-Leitlinie Behandlung von Angststörungen

Bielefeld U (Hrsg.) (1998) Das Eigene und das Fremde. Neuer Rassismus in der Alten Welt? Neuausgabe. Hamburg

Bude H (2014) Gesellschaft der Angst. Hamburg

Bude H (2016) Das Gefühl der Welt. Über die Macht von Stimmungen. München

Collier P (2014) Exodus. Warum wir Einwanderung neu regeln müssen. München

Elias N, Scotson JL (1993) Etablierte und Außenseiter. Frankfurt am Main

Geiger T (1930) Panik im Mittelstand, Die Arbeit. Zeitschrift für Gewerkschaftspolitik und Wirtschaftskunde, Jg. 7, Heft 10, 1930, 637–654

Luhmann N (2008) Ökologische Kommunikation. Kann die moderne Gesellschaft sich auf ökologische Gefährdungen einstellen? Wiesbaden

2.1 Die Kommunikation von Angst in der Öffentlichkeit

Schupp J, Goebel J, Kroh M, Wagner GG (2013) Zufriedenheit in Deutschland so hoch wie nie nach der Wiedervereinigung. DIW Wochenbericht 47/2013, 34–43

Staab P (2014) Macht und Herrschaft in der Servicewelt. Hamburg

The Economist (2018) Cool Germany. Stand: 14.–20. April 2018

Fokusbeitrag: **Angst und Pandemie**

Peter Zwanzger

Als Reaktion auf akute Bedrohungen hat Angst eine lebenswichtige Funktion. Sie soll uns schützen, soll uns zu gegebener Zeit alarmieren, sie soll uns warnen vor potenzieller Gefahr. Wir haben dann die Möglichkeit, uns entweder auf das Risiko und die Bedrohung einzulassen oder den Rückzug anzutreten – dies ganz wie in der Urzeit. Betrachtet man die jährlichen Analysen der R&V-Versicherung, die in regelmäßigen Abständen versucht, die „Ängste der Deutschen" zu quantifizieren, so stellt man fest, dass historisch gesehen auch in neuerer Zeit relevante Bedrohungsereignisse immer von einem Anstieg des allgemeinen Angstgefühls begleitet waren. So führten Arbeitslosigkeit, Kriege, Regierungskrisen, Wirtschaftskrisen, Terroranschläge und Amokläufe nahezu regelhaft zu einem deutlichen Anstieg des allgemeinen Angstniveaus. Nicht selten war dabei nicht so sehr das Ereignis an sich als bedrohlich empfunden worden, sondern die potenziellen, damit verbundenen psychosozialen Folgen, die im Verlauf beispielsweise eine wirtschaftliche Bedrohung für den Einzelnen zur Folge haben konnten (R&V-Versicherung 2020). Demgegenüber nimmt sich, schenkt man der Analyse der R&V-Versicherungen Glauben, die aktuelle Angst im Zusammenhang mit der Corona-Krise vergleichsweise gering aus. Dennoch spielen Ängste und andere psychische Symptome im Zusammenhang mit dieser Entwicklung mittlerweile eine große Rolle in der öffentlichen Diskussion, in der Fachpresse und auf wissenschaftlicher Ebene.

> *Allerdings müssen wir die sogenannte normale Angst, also die angemessene Angst, die im Zusammenhang mit der Bedrohung durch eine potenzielle Infektion durchaus berechtigt ist, unterscheiden von übermäßig ausgeprägter Angst, krankhafter Angst oder einer Angststörung im engeren Sinne (Zwanzger 2019).*

Auftreten und Häufigkeit psychischer Symptome

Lagen im Frühjahr 2020 noch so gut wie keine Studien zur Häufigkeit von möglichen psychischen Folgen der Corona-Krise vor, existiert mittlerweile bereits eine beachtliche Anzahl von Publikationen, die sich mit unterschiedlichen Aspekten von Angst und anderen psychischen Symptomen im Zusammenhang mit der COVID-19-Erkrankung beschäftigen. Relativ früh wurden dabei in China die psychologischen Folgen der Krise untersucht. Dies zu einem Zeitpunkt, als dort die Pandemie bereits in vollem Gange war, die internationale Ausbreitung aber noch in ihren Anfängen steckte. Unter anderem zeigte sich bereits zu diesem Zeitpunkt, dass Ängste in der Allgemeinbevölkerung zunahmen (Wang et al. 2020). So berichteten über die Hälfte der befragten Personen über eine z.T. erhebliche *psychologische Belastung*. Fast 30% der Befragten berichteten über moderat bis schwer ausgeprägte Angstsymptome. Neben Angst stellten sich aber auch andere psychische Beschwerden ein. So berichteten knapp 17% über moderate bis schwere depressive Symptome. Die im Rahmen von Umfragen erfassten Ängste greifen dabei unterschiedliche Themen auf. So machten sich die Befragten die meisten Sorgen um ihre eigene Gesundheit sowie die Gesundheit ihrer Familie (Wang et al. 2020).

Zahlreiche weitere Untersuchungen bestätigten die von Wang und Kollegen erhobenen Befunde. So zeigte eine Ende März 2020 in Deutschland durchgeführte Online-Umfrage bei 6.500 Personen ein Auftreten von Angst und Stresssymptomen bei über 50% der Befragten (Petzold et al. 2020a). Eine chinesische Studie an 5.000 Personen aus der Allgemeinbevölkerung, von denen circa 40% in schwer betroffenen Regionen lebten, zeigte deutliche Symptome von Angst und Depression bei circa 20% der Befragten (Li et al. 2020). Auch die in Deutschland durchgeführte NAKO-Studie konstatiert Auswirkungen der Pandemie auf die psychische Gesundheit. Im Rahmen einer Längsschnittbeobachtung über mehrere

Jahre an über 100.000 Teilnehmern wurde bei Menschen unter 60 Jahren in zeitlichem Zusammenhang mit der Corona-Krise eine Zunahme von angst- und depressionsassoziierter Symptomatik beobachtet (Peters et al. 2020).

Psychische Belastung oder psychische Erkrankung?

Berücksichtigt werden muss bei diesen Erhebungen allerdings, dass die Befragungen lediglich mit allgemeinen Screeninginstrumenten für Angst (GAD-7) und Depression (PHQ-9) durchgeführt wurden. Die Auswertung erlaubt demzufolge zwar, auf das Vorliegen einer ängstlichen und/oder depressiven Symptomatik zu schließen, der Nachweis der Diagnose einer psychischen Erkrankung ist mit diesen Instrumenten allerdings nicht möglich. Da für eine korrekte Diagnose psychischer Störungen neben einer ängstlichen oder depressiven Stimmung gemäß den international gültigen Klassifikationssystemen (ICD-10) noch eine Reihe weiterer wichtiger Symptome vorliegen müssen sowie zudem sowohl hinsichtlich Dauer und Intensität der Symptomatik ein gewisser Schwellenwert überschritten werden muss (Dilling et al. 2008), ist davon auszugehen, dass die tatsächlichen Prävalenzzahlen derzeit deutlich unter den angegebenen Werten liegen. Dennoch zeigen die Untersuchungen, dass die allgemeinen Entwicklungen im Rahmen der Pandemie einen erheblichen Einfluss auf die psychische Belastung der Allgemeinbevölkerung haben. Ähnliche Ergebnisse zeigen sich auch in Übersichtsarbeiten und Metaanalysen. Eine metaanalytische Auswertung von 17 Studien mit insgesamt knapp 64.000 Personen zeigte eine Prävalenz erhöhter Ängstlichkeit von 32% (Salari 2020).

Einflussfaktoren für die Entwicklung psychischer Symptome

Allerdings zeigte sich auch, dass das Ausmaß der Ängste unterschiedlich und von weiteren Faktoren abhängig war. So waren beispielsweise Menschen mit körperlichen Vorerkrankungen deutlich stärker betroffen als gesunde. Zudem wurden Gender-Unterschiede berichtet. So waren Frauen, ähnlich wie in zahlreichen Studien zur Häufigkeit von Angsterkrankungen, häufiger betroffen als Männer (Wang et al. 2020). Besonders bemerkenswert ist, dass die Häufigkeit psychischer Symptome signifikant mit dem individuellen Medienkonsum zum Thema COVID-19 in Zusammenhang gebracht werden kann. So betrug die Prävalenz psychischer Symptome ca. 18%, wenn der diesbezügliche Medienkonsum unter fünf Minuten pro Tag lag. Demgegenüber zeigten knapp 28% der Befragten Symptome, die sich täglich über eine mehr als eine Stunde mit der Thematik in den Medien befassten (Bendau et al. 2020). Wenngleich angemessene, inhaltlich wie formal seriöse Informationen über die aktuelle Situation in solchen und ähnlichen Krisensituationen für die Menschen und deren psychische Stabilität erfahrungsgemäß eine *conditio sine qua non* ist, zeigen die Erhebungen, dass sich insbesondere bei vulnerablen Personen ein gesteigerter Medienkonsum auf die psychische Widerstandskraft negativ auswirken kann. Insofern liegt nahe, dass eine exzessive Berichterstattung einen nachhaltig ungünstigen Einfluss auf die psychische Verfassung der Bevölkerung haben kann (Bendau et al. 2020).

Man kann nachvollziehen, dass die psychische Belastung zudem sehr davon abhängt, wie stark ein Land betroffen ist, wie gut die medizinische Versorgung dort ist oder wie sich die wirtschaftliche Situation eines Landes darstellt. Ebenso ist offensichtlich, dass stark betroffenen Länder oder Regionen, wie die Provinz Wuhan auch eine psychologisch stärker belastete Bevölkerung aufweisen. Besonders interessant sind in diesem Zusammenhang Untersuchungen, die sich mit den psychischen Folgen von *Quarantänemaßnahmen* beschäftigen. Dabei zeigt sich konsistent, dass insbesondere Personen, die sich in Quarantäne begeben müssen, verstärkt unter Depressivität, Ängstlichkeit, Stresssymptomen und anderen psychischen Folgen leiden (Röhr et al. 2020). Relevante Einflussfaktoren sind hierbei unter anderem die Dauer der Quarantäne, aber auch die aus den Quarantänemaßnahmen resultierenden wirtschaftlichen Folgen. Einzelne Studien zeigen, dass bei Menschen, die nach Abschluss von Quarantänemaßnahmen untersucht wurden, in knapp 30% der Fälle Symptome einer posttraumatischen Belastungsstörung beobachtet werden konnten (Hawryluck et al. 2004). Besonders bemerkenswert sind zudem psychische Belastungen, die durch Stigmatisierungserfahrungen im Zusammenhang mit Quarantänemaßnahmen erfolgen. So konnte gezeigt werden, dass 40% von unter Quarantäne stehenden Menschen eine Stigmatisierung und damit verbundene Angst erleben (DiGiovanni et al. 2004). Zu den entscheidenden Moderatoren negativer psychosozialer Folgen von Quarantäne zählen im Wesentlichen die Dauer der Quarantäne, deren Assoziation mit Einkommensverlusten, eine beeinträchtigte Versorgung mit Lebensmitteln, vorbekannte psychische Erkrankungen sowie weibliches Geschlecht (Röhr et al. 2020).

Allerdings sind nicht allein nur die Quarantänemaßnahme als Risikofaktor anzusehen, sondern auch die damit verbundene soziale Isolation und Einsamkeit. Eine umfassende Metaanalyse untersuchte in diesem Zusammenhang die psychosozialen Folgen von Isolation bei Kindern und Jugendlichen. So konnte an 50.000 Kindern und Jugendlichen im Alter von durchschnittlich 15 Jahren gezeigt werden, dass soziale Isolation und Einsamkeit das Risiko für die Symptomkomplexe Angst und Depression signifikant erhöhten. Dabei spielte die Dauer der Einsamkeit oder Isolation eine deutlich größere Rolle als deren Intensität (Loades et al. 2020).

Folgen für Mitarbeiter des Gesundheitswesens

Zahlreiche Untersuchungen existieren mittlerweile auch zur Häufigkeit psychischer Symptome bei Mitarbeitern des Gesundheitswesens. Während eine gepoolte Analyse über 17 Länder keine Unterschiede hinsichtlich des Vorkommens von Angst oder Depression bei Mitarbeitern des Gesundheitswesens vs. Allgemeinbevölkerung während der Pandemie zeigen konnte, berichten einzelne Studien aus China, Italien, der Türkei, Spanien oder dem Iran über deutlich höhere Raten im Vergleich zur Allgemeinbevölkerung. Ein besonders *hohes Risiko* tragen dabei *Pflegepersonal, Menschen mit niedrigem sozioökonomischem Status und Personen in sozialer Isolation* (Luo et al. 2020).

Insgesamt zeigt sich über alle Untersuchungen hinweg ein großer Einfluss von Dauerstress auf die Entwicklung psychischer Symptome. Dabei spielen vor allem die Belastungen für Fachkräfte im Gesundheitswesen eine große Rolle. Gerade diese sind im Zuge der Bewältigung der Pandemie massiv gefordert. Zu den besonderen pandemiespezifischen Stressoren zählt dabei das Risiko, sich und andere zu infizieren. Belastend ist zudem die Schwierigkeit, COVID-19-Symptome von Symptomen anderer Erkrankungen, z.B. grippalen Infekte und sonstigen Erkältungskrankheiten abzugrenzen. Die Sorge um Familienangehörige sowie allgemeine Sorgen um die physische und psychische Gesundheit werden ebenso genannt (Petzold et al. 2020b). Hinzukommen die Belastungen durch das Tragen von Schutzkleidung, die erhöhte Arbeitsbelastung allgemein und wenig oder unzureichende Informationen rund um das Thema COVID-19.

Untersuchungen zur Prävalenz psychischer Symptome bei in der Gesundheitsversorgung tätigen Personen speziell in Deutschland gibt es noch vergleichsweise wenige. Eine Studie unter niedergelassenen Neurologen und Psychiatern zeigt allerdings, dass sich mehr als 60% der ärztlichen Kollegen durch die Folgen der Pandemie stark bis sehr stark belastet fühlen. Über ein Drittel macht sich große beziehungsweise sehr große Sorgen. 18% der Befragten berichteten über große bis sehr große Angst (Bohlken 2020).

Im Zusammenhang mit Isolationsmaßnahmen werden gehäuft verstärkter Substanzkonsum sowie deutlich erhöhte Verkaufszahlen von Alkoholika beobachtet (Clay u. Parker 2020). Es entspricht der klinischen Erfahrung, dass Menschen in Phasen ausgeprägter Belastung versuchen, psychische Beschwerden durch Substanzkonsum im Sinne einer Selbstbehandlung unter Kontrolle zu bringen. Eine bei Patienten auf diese Weise entstehende Abhängigkeitsproblematik kann einen weiteren komplizierenden Faktor für den langfristigen Verlauf darstellen.

Die besonderen Risiken für Menschen mit bestehenden psychischen Erkrankungen

Aber auch vorbestehende psychische Erkrankungen stellen einen Risikofaktor dar, sowohl im Hinblick auf eine Verschlechterung der psychischen Störung als auch hinsichtlich des Infektionsrisikos. Dabei spielen einige besondere Aspekte der psychischen Erkrankung für die Risikokonstellation eine besondere Rolle. Relevant sind dabei unter anderem sozioökonomischer Status oder krankheitsbedingte Faktoren. So gilt beispielsweise eine Beeinträchtigung von Kognition und Denken als relevanter Risikofaktor. Dies ist beispielsweise der Fall bei Patienten mit Demenzerkrankungen, schizophrenen Psychosen oder bipolaren Störungen, die oftmals nur eingeschränkt in der Lage sind, Hygienemaßnahmen einzuhalten, die Notwendigkeit von Maßnahmen zur sozialen Distanz zu verstehen oder selbstständig Desinfektionsmaßnahmen durchzuführen (Moreno et al. 2020).

Erste Untersuchungen zeigen, dass *gerade psychisch Kranke massiv unter den Folgen der coronabedingten Einschränkungen leiden.* So konnte in einer Untersuchung der Stiftung Deutsche Depressionshilfe gezeigt werden, dass Menschen mit depressiven Erkrankungen deutlich stärker durch die im Zusammenhang mit der Corona-Krise getroffenen Maßnahmen belastet sind als die Allgemeinbevölkerung (Friedewald 2020). Interessanterweise hatten depressiv Erkrankte allerdings keine erhöhte Infektionsangst. Die notwendigen *Hygiene- und Quarantänemaßnahmen* werden jedoch als deutlich belastender erlebt. Während nur 59% der Menschen aus der Allgemeinbevölkerung angeben, durch die Maßnahmen belastet zu sein, waren es unter depressiv Erkrankten 74%. Zudem leiden depressive Patienten fast doppelt so häufig unter der fehlenden Tagesstruktur. Auch können die Patienten im Gegensatz zu Gesunden der Krise wesentlich seltener auch etwas Positives abgewinnen (58% vs. 38%). Schließlich, so die Studie, äußert fast jeder zweite Bedenken hinsichtlich einer möglichen schlechteren medizinischen Versorgung. Im Einzelnen berichten die Patienten von häufig ausgefallenen Arztterminen oder Psychotherapiesitzungen. Die ersatzweise angebotenen telemedizinischen Behandlungsangebote wurden von den meisten Menschen zwar zum ersten Mal in Anspruch genommen, die überwiegende Mehrheit bewertet die *Telefon- oder Videosprechstunden jedoch positiv* (Friedewald 2020).

Schließlich hat sich in den letzten Monaten gezeigt, dass es unabhängig von den belastungsbedingten psychischen Beschwerden durch eine Beteiligung des zentralen Nervensystems zu *psychoorganischen Veränderung* kommen kann. Diese können sich ebenfalls in Angst, depressiven Episoden oder psychotischem Erleben äußern (Varatharaj et al. 2020).

Folgen für die medizinische Versorgung

Von besonderer Bedeutung sind die aus übergeordneter Perspektive wahrnehmbaren Folgen der mit der Pandemie verbundenen Ängste im Hinblick auf die medizinische Gesamtversorgung der Bevölkerung. Dabei erscheinen nicht so sehr die im Zusammenhang mit der Pandemie bereits genannten Einschränkungen in der Gesundheitsversorgung relevant, also z.B. eingeschränkte Bettenkapazitäten, erschwerter Zugang zu Kliniken, abgesagte Elektiveingriffe und Reduktion des ambulanten Angebots. Vielmehr schlagen sich die Ängste der Menschen, sich zu infizieren überraschenderweise signifikant in einer *reduzierten Inanspruchnahme der klinischen Notfallversorgung* nieder. So verzeichnete das RoMed-Klinikum Rosenheim als großes Versorgungskrankenhaus in Südbayern im Frühjahr 2020 einen massiven Rückgang der Notfallpatienten im Vergleich zum Vorjahreszeitraum. Im Vergleich zeigte sich insbesondere eine *Reduktion der Notfälle von 53%* im Bereich der Kardiologie, 38% in der Traumatologie, 33% in der Allgemeinchirurgie, 30% in der Neurologie und 25% in der Gynäkologie (Deerberg u. Knothe 2020). Die möglichen Folgen dieses Phänomens werden sich allerdings erst in der Langzeitbetrachtung analysieren lassen.

Hilfe und Prävention

Zu den wichtigsten Empfehlungen zur Minimierung psychosozialer Folgeerscheinungen gehören insbesondere eine umfassende Information und Aufklärung sowohl der Allgemeinbevölkerung als auch des medizinischen Personals. In einem weiteren Schritt sollten Prävention und Gesundheitsförderung in der Allgemeinbevölkerung ansetzen. Eine Resilienzstärkung durch tagesstrukturierende Maßnahmen, Sport und Bewegung sowie eine gesunde Ernährung sind hier von entscheidender Bedeutung. *Psychotherapeutische oder psychiatrische Schwerpunktinterventionen* sollten für Risikogruppen überlegt werden. E-Health-Angebote und telemedizinische Ansätze halten gerade in Zeiten der Pandemie verstärkt Einzug auch in die psychiatrisch-psychotherapeutische Versorgung.

Zentral für durch die Corona-Krise belastete Menschen sowie für Patienten mit bereits bestehenden psychischen Erkrankungen ist das Ernstnehmen, Anerkennen und Aussprechen der eigenen Ängste und Sorgen. Die Gesellschaft für Angstforschung (GAF) hat hierzu einige wichtige Ratschläge zusammengefasst (https://www.angstforschung.org/corona).

So kommen gerade in Phasen der Krise und des Lockdown der eigenen *Tagesstruktur* sowie den *Tageszielen* eine besondere Bedeutung zu. So ist im ersten Schritt wichtig, zu erkennen, dass Lockdown und Quarantänemaßnahmen, aber auch andere Formen der Alltagseinschränkungen uns unserer Möglichkeit berauben, den Tag nach den Erfordernissen und Wünschen zu gestalten. Umso mehr ist wichtig, Routinen zu etablieren und aufrechtzuerhalten, auch wenn wir in unserem Aktionsradius beeinträchtigt sind. Routinen geben Menschen Sicherheit. Es ist daher wichtig, eine Tagesstruktur aufrechtzuerhalten, auch wenn man im Home-Office ist oder in Quarantäne. Gleichermaßen kommt regelmäßigen Mahlzeiten eine wichtige Bedeutung zu. Ebenso helfen definierte Ziele für jeden Tag. Des Weiteren sind *körperliche Aktivität und Sport* wichtig. Es muss jedoch kein Leistungssport betrieben werden – Spaziergänge an der frischen Luft, Gymnastik oder Aktivität am Hometrainer sind gleichermaßen gut.

> Von elementarer Bedeutung ist aber der Umgang mit Nachrichten und Information.

Wie bereits oben beschrieben, ist wissenschaftlichen Studien zufolge die seelische Befindlichkeit entscheidend vom Medienkonsumverhalten der Betroffenen abhängig. Ein Übermaß an Information, eine zeitlich überbordende Beschäftigung mit den Themen sowie eine unkritische Selektion der Informationsquellen tragen oft erheblich zu einer Verschlechterung seelischen Verfassung sowie zur Entwicklung von Ängsten und depressiven Verstimmungen bei. Informationen sollten nur seriösen Quellen entnommen werden, z.B. den Informationsdiensten des Bundesgesundheitsministeriums oder des Robert-Koch-Instituts. Und: ein bis zweimal Nachrichten einholen pro Tag ist völlig genug. Interessanterweise berichten eine Reihe von Patienten, dass sie trotz aller Belastungen in der Krise auch gewisse Chancen sehen. So wird die Zeit zuhause zunehmend wieder für Dinge genutzt, für die bisher keine Zeit mehr da war.

Nehmen Betroffene oder deren Angehörige wahr, dass die Belastungen zu groß werden, Ängste zunehmen, depressive Verstimmungen sich zu einer Depression entwickeln, Schlafstörungen hinzutreten etc. ist es wichtig, auch den Gang zum Arzt oder Psychologen nicht zu scheuen. Bei der Suche nach einem geeigneten Psychiater, Psychotherapeuten oder einer Ambulanz sind die kassenärztlichen Vereinigungen der Bundesländer behilflich. Oftmals ist für den ersten Schritt auch der Hausarzt ein guter Ansprechpartner.

Zudem stehen mittlerweile allerorts Orientierungshilfen und Informationsportale zur Verfügung. Insbesondere finden sich im Internet Hinweise, Online-Ratgeber sowie mögliche Anlaufstellen, so unter anderem auf der Seite der Deutschen Gesellschaft für Psychiatrie, Psychotherapie, Psychosomatik und Nervenheilkunde DGPPN (www.dgppn.de), der Gesellschaft für Angstforschung GAF (www.angstforschung.org), der Stiftung Deutsche Depressionshilfe (www.deutsche-depressionshilfe.de) oder der Deutschen Angst-Selbsthilfe e.V. (https://www.angstselbsthilfe.de).

Literatur

Bendau A, Petzold M, Pyrkosch L, Maricic LM, Betzler F, Rogoll J, Große J, Ströhle A, Plag J (2020) Associations between COVID-19 related media consumption and symptoms of anxiety, depression and COVID-19 related fear in the general population in Germany. Eur Arch Psychiatry Clin Neurosci 20:1–9

Bohlen J, Schömig F, Seehagen T, Köhler S, Gehring K, Roth-Sackenheim C, Matschinger H, Riedel-Heller SG (2020) Erfahrungen und Belastungserleben niedergelassener Neurologen und Psychiater während der COVID-19-Pandemie. Psychiatr Prax. 47:214–217

Clay JM, Parker MO (2020) Alcohol use and misuse during the COVID-19 pandemic: a potential public health crisis? Lancet Public Health. 5:e259

Deerberg J, Knothe C (2020) Do Not Stay at Home: We Are Ready for You. NEJM Catal Innov Care Deliv. 10.1056/CAT.20.0146

Dilling H, Mombour W, Schmidt MH (2008) Internationale Klassifikation psychischer Störungen: ICD-10 Kapitel V (F) Klinisch-diagnostische Leitlinien. WHO

DiGiovanni C, Conley J, Chiu D, Zaborski J (2004) Factors influencing compliance with quarantine in Toronto during the 2003 SARS outbreak. Biosecur Bioterror 2:265–72

Friedewald (2020) Deutschland-Barometer Depression: massive Folgen für die psychische Gesundheit infolge der Corona-Maßnahmen. Stiftung Deutsche Depressionshilfe. URL: https://idw-online.de/de/news757572 (abgerufen am 12.03.21)

Hawryluck L, Gold WL, Robinson S, Pogorski S, Galea S, Styra R (2004) SARS control and psychological effects of quarantine, Toronto, Canada. Emerg Infect Dis. 10:1206–12

Li J, Yang Z, Qiu H, Wang Y, Jian L, Li J, Li K (2020) Anxiety and depression among general population in China at the peak of the COVID-19 epidemic. World Psychiatry 19:249–250

Loades ME, Chatburn E, Higson-Sweeney N, Reynolds S, Shafran R, Brigden A, Linney C, McManus MN, Borwick C, Crawley E (2020) Rapid Systematic Review: The Impact of Social Isolation and Loneliness on the Mental Health of Children and Adolescents in the Context of COVID-19. J Am Acad Child Adolesc Psychiatry. 59(11):1218–1239

Luo M, Guo L, Yu M, Jiang W, Wang H (2020) The psychological and mental impact of coronavirus disease 2019 (COVID-19) on medical staff and general public – A systematic review and meta-analysis. Psychiatry Res. 291:113190

Moreno C, Wykes T, Galderisi S, Nordentoft M, Crossley N, Jones N, Cannon M, Correll CU, Byrne L, Carr S, Chen EYH, Gorwood P, Johnson S, Kärkkäinen H, Krystal JH, Lee J, Lieberman J, López-Jaramillo C, Männikkö M, Phillips MR, Uchida H, Vieta E, Vita A, Arango C (2020) How mental health care should change as a consequence of the COVID-19 pandemic. Lancet Psychiatry. 7(9):813–824

Peters A, Rospleszcz S, Greiser KH, Dallavalle M, Berger K (2020) COVID-19-Pandemie verändert die subjektive Gesundheit. Dtsch Arztebl Int 117:861–867

Petzold MB, Bendau A, Plag J, Pykrosch L, Maricic LM, Betzler F, Rogoll M, Große J, Ströhle A (2020a) Brain Behav 10:e01745. doi: 10.1002/brb3.1745.

Petzold MB, Plag J, Ströhle A (2020b) Umgang mit psychischer Belastung bei Gesundheitsfachkräften im Rahmen der Covid-19-Pandemie. Nervenarzt 91: 417–421

R&V-Versicherungen (2020) Die Ängste der Deutschen 2020. URL: https://www.ruv.de/presse/aengste-der-deutschen (abgerufen am 17.05.2021)

Röhr S, Müller F, Jung F, Apfelbacher C, Seidler A, Riedel-Heller SG (2020) Psychosoziale Folgen von Quarantänemaßnahmen bei schwerwiegenden Coronavirus-Ausbrüchen: ein Rapid Review. Psychiatr Prax. 47(4):179–189

Salari N, Hosseinian-Far A, Jalali R, Vaisi-Raygani A, Rasoulpoor S, Mohammadi M, Rasoulpoor S, Khaledi-Paveh B (2020) Prevalence of stress, anxiety, depression among the general population during the COVID-19 pandemic: a systematic review and meta-analysis. Global Health. 6;16(1):57

Varatharaj A, Thomas N, Ellul MA, Davies NWS, Pollak TA, Tenorio EL, Sultan M, Easton A, Breen G, Zandi M, Coles JP, Manji H, Al-Shahi Salman R, Menon DK, Nicholson TR, Benjamin LA, Carson A, Smith C, Turner MR, Solomon T, Kneen R, Pett SL, Galea I, Thomas RH, Michael BD, CoroNerve Study Group (2020) Neurological and neuropsychiatric complications of COVID-19 in 153 patients: a UK-wide surveillance study. Lancet Psychiatry. 7(10):875–882

Wang C, Pan R, Wan X, Tan Y, Xu L, Ho CS, Ho RC (2020) Immediate Psychological Responses and Associated Factors during the Initial Stage of the 2019 Coronavirus Disease (COVID-19) Epidemic among the General Population in China. Int J Environ Res Public Health. 6;17:1729

Zwanzger P (2019) Angst – Medizin Psychologie Gesellschaft. Medizinisch Wissenschaftliche Verlagsgesellschaft Berlin

3 Angst und die Rolle der Medien

Joachim Käppner

Aller Widerstand ist vergeblich. Eine Batterie schwerer Artillerie beschädigt zwar eine der riesenhaften dreibeinigen Maschinen, die sich Tod und Verderben bringend New York City nähern. Doch die Invasoren vernichten mit Hitzestrahlen und giftigem schwarzem Rauch mit Leichtigkeit das Aufgebot, das ihnen die US Army und die Nationalgarde entgegenwerfen. Fünf der Maschinen durchqueren einfach den Hudson River, wie ein Radioreporter live von der Spitze eines Wolkenkratzers aus berichtet, „wie Männer, die durch einen Bach waten". Der tödliche Rauch wabert durch die Straßenschluchten Manhattans. Der Reporter sieht Panik, Menschen, die sich „wie Ratten" vor Angst in den East River stürzen. Dann hustet er, und die Verbindung reißt ab. Später hört man im Radio einen Funker, der vergeblich New York City ruft: „2X2L an CQ, New York. Ist da niemand, der mich hörte? Ist da niemand, der mich hört? Ist da denn ... niemand?"

Die Marsmenschen waren gekommen – in der Hörspielfassung von H.G. Wells' dystopischem Roman vom „Krieg der Welten", ausgestrahlt am 30. Oktober 1938 vom Radiosender CBN. Was dann geschah, ging in die Geschichte ein. Schon am folgenden Tag titelte die New York Times: „Radiohörer in Panik! Sie halten Hörspiel-Drama für Wirklichkeit. Viele flüchten aus ihren Häusern aus Angst vor, Gasangriff der Marsianer'.

Polizei mit Notrufen überschwemmt." Die höchst authentisch gemachte Sendung hatte gewirkt wie ein Live-Report vom Untergang Amerikas.

Das Radio war damals, was heute Fernsehen und Facebook sind – ein Medium der Massenkommunikation, dem viele Nutzer wie selbstverständlich vertrauten. Der bekannte Moderator Jack Paar versuchte dieses Vertrauen ins Gute zu wenden und die Leute, die besorgt im Sender anriefen, direkt nach dem Hörspiel live auf Sender zu beschwichtigen: „Nein, die Welt geht nicht unter. Vertrauen Sie mir! Wann hätte ich Sie je belogen?"

Im Zuge der Corona-Debatte werfen nicht nur „Querdenker" den Medien vor, durchaus vergleichbare Ängste zu schüren, sondern auch seriöse Kritiker wie der Medienwissenschaftler Stephan Russ-Mohl, der in der *Süddeutschen Zeitung* schrieb: „Mich beunruhigen seit Monaten die vielen Trompeter im Corona-Panikorchester. Sie verbreiten Angst und Schrecken." Als Medienforscher beklagt Russ-Mohl: „Die Medien haben mit ihrem grotesken Übersoll an Berichterstattung Handlungsdruck in Richtung Lockdown erzeugt, dem sich die Regierungen in Demokratien kaum entziehen konnten" (Russ-Mohl 2020). Andere Medienforscher werfen speziell ARD und ZDF vor, sie hätten einen „Tunnelblick" erzeugt und auch mit den Mitteln von Hollywoodblockbustern Ängste geschürt (vgl. Der Tagesspiegel 20.08.2020).

Man könnte natürlich dagegenhalten, dass hier der Bote der schlechten Nachricht geköpft wird, als habe er sie verschuldet. Dass eine Pandemie, die jeden einzelnen Bürger bis in die Frage hinein, wo er einkaufen kann, ob er Spazierengehen darf oder sein Büro jemals wieder betreten wird, zu einer breiten Berichterstattung führt, ist eigentlich wenig erstaunlich. Unserer Erfahrung nach möchten die Leserinnen und Leser darüber sehr ausführlich und hintergründig informiert werden. 2020 waren die 9 von 10 meistgesehenen *Tagesschau*-Sendungen jene, in denen es um Corona ging (Grimm 2020). Eine solche Information ist nicht dasselbe wie das Schüren von Angst.

Diese Angst ist zu Beginn einer Pandemie etwas ganz Normales. Aufgabe seriöser Medien ist hier die sachliche Information – und die ist wichtiger und nötiger denn je im Wirrwarr der Corona-Informationen und

3 Angst und die Rolle der Medien

-regeln. Sie können Neuigkeiten nicht einfach verschweigen oder klein abhandeln. Wenn sie es täten, würde es zu Recht heißen, dass sie Nachrichten unterdrücken.

Natürlich lassen sich zahlreiche Beispiele finden, dass auch klassische Medien die Pandemie nutzen, um Aufmerksamkeit, Auflage und Klickzahlen zu steigern. Eine große Boulevardzeitung griff über Monate die Corona-Politik von Bund und Ländern in einer Weise an, welche teilweise schon an Corona-Leugner erinnerte, mit der durchschaubaren Absicht, sich selber als Anwalt der kleinen Leute zu inszenieren. Aber es gab auch wiederum Kommentatoren, die jede Kritik an dieser Politik schmähten, als dürfe es eine kritische Befassung gar nicht geben. Es gab „Live-Ticker", die stündlich Corona-News verkündeten, auch wenn es eigentlich keine gab. Und oft war die reine Menge vor allem der schlechten Nachrichten überwältigend.

Aber das größere Problem liegt eigentlich anderswo: Im Netz, wo Falschinformationen und Verschwörungserzählungen blühen. Der Medienwissenschaftler Tanjev Schultz hat gesagt: „Panikmache ist ein Geschäftsmodell." Er meinte aber nicht die klassischen Medien, sondern die Verbreiter von Fake News im Internet: „Einige Macher solcher Seiten verdienen Geld damit, dass sie Menschen mit wildesten Spekulationen in Aufregung und Angst versetzen" (Schultz im heute.de-Interview 2020).

Mehr denn je begreifen die klassischen Medien es als ihre wichtigste Aufgabe, eine seriöse Berichterstattung zu verteidigen gegen eine künstlich geschürte Angst. Sie kämpfen also vielfach genau gegen das, was man ihnen vorwirft, durch Faktenchecker, Fachleute und ein breites Spektrum an Meinungen und Informationen.

Eine Langzeitstudie der Uni Mainz hat aber festgestellt, dass die Mehrheit der Nutzer den klassischen Medien gerade bei so wichtigen Themen wie der Pandemie weitgehend vertraut (vgl. Schultz im heute.de-Interview 2020). Je seriöser wir damit umgehen, desto eher wird uns dieses Vertrauen erhalten bleiben.

Bis heute gilt die Invasions-Sendung von 1938 als Chiffre für mediengemachte Angst. Manches an der Schreckensszenerie der kaum verwundbaren Marsmaschinen mutet im Abstand der Jahrzehnte naiv und ulkig an, aber der Glaube früherer Generationen an furchterregende Fake News ist wohl leider nichts, was wir heute belächeln dürfen. Im Gegenteil, die Furcht ist präsenter denn je. Vor allem die Furcht vor dem Fremden.

Im Frühsommer 2018 treibt Bundesinnenminister Horst Seehofer die große Koalition, ja die Union aus CDU und CSU selbst an den Rand des Auseinanderbrechens. Seehofer erhebt ein lösbares Detailproblem – wann und wie bereits abgelehnte Asylbewerber abgeschoben werden sollen – zur Schicksalsfrage der Nation. Er tut dies erkennbar aus Angst vor der rechten AfD und dem Verlust der absoluten CSU-Mehrheit bei den bayerischen Landtagswahlen im Herbst desselben Jahres. Medien wie die „Bild"-Zeitung treiben die Kampagne mit wilden Aufmachergeschichten mit voran.

Selbst seriöse konservative Medien schreiben über die Folgen der Aufnahme von fast einer Million Flüchtlingen seit 2015 von „Staatsversagen", als sei das Land eine Bananenrepublik. Die CSU macht die Angst vor Flüchtlingen zum Debattenthema, und das, obwohl viel weniger Flüchtlinge kommen.

Die verheerenden Folgen solch kurzsichtiger Politik hat die Literaturnobelpreisträgerin Herta Müller am Beispiel Osteuropas für die Bosch-Stiftung beschrieben: „Die Angst gedeiht wie unter einer Glocke." Etliche Länder mit autoritärer Vergangenheit durchlitten „eine Art Rückfall". Dafür stünden zum Beispiel der ungarische Rechtspopulist Viktor Orbán, dessen polnischer Kollege Jaroslaw Kaczynski oder der türkische Autokrat Recep Tayyip Erdogan. Feindschaft werde gezielt geschaffen, denn, so Herta Müller: „Das Autoritäre erfindet sich Feinde."

Zu diesen erfundenen Gegnern zählen vor allem die Flüchtlinge. Die Wahrnehmungspsychologie erklärt, warum Menschen viele Risiken und Gefahren für wesentlich größer halten, als sie es faktisch sind. Die Angst steigt, so der Risikoforscher und Professor für Sozialpsychologie Ortwin Renn am Beispiel der Vogelgrippe, „je weniger sie persönlich Einfluss auf die Gefahr haben; zweitens: je eher sie der Meinung sind, dass die Gefahr sie zufällig treffen könnte und drittens: je weniger sie die Gefahr sinnlich wahrnehmen können". Ähnlich verhält es sich mit Bedrohung durch islamistischen Terror, mit der Sorge vor negativen Folgen der Mi-

3 Angst und die Rolle der Medien

gration, vor Seuchen und Verbrechen und natürlich den Fremden. Natürlich existieren Bedrohungen – jedoch werden sie in der Wahrnehmung um ein Vielfaches vergrößert und spielen sich vor allem in den Köpfen ab.

Und die Medien tun sich in der aufgeheizten Atmosphäre und angesichts der ungezählten Fake News im Internet schwerer denn je, Glauben zu finden. Im Gegenteil, die Erfinder der Falschinformationen wenden den Vorwurf, absichtsvoll die Unwahrheit zu verbreiten, gegen die Medien: Dort würden die Fake News produziert. Auf den deutschen Bestsellerlisten stand monatelang das Werk eines Verschwörungstheoretikers, der seinen Lesern mitteilte, welche angeblichen Wahrheiten nicht in den Zeitungen standen. Meisterlich beherrscht der populistische US-Präsident Donald Trump diese Kunst. Der Sender CNN oder die New York Times haben seinen Aussagen Dutzende Male Fehler, Erfindungen und glatte Lügen nachgewiesen, aber schon auf seiner ersten White-House-Pressekonferenz fuhr Trump einen CNN-Korrespondenten an: „You're fake news!"

Wurden die Medien also früher und keineswegs immer zu Unrecht bezichtigt, im Interesse von Quote oder Auflage die Angst durch Übertreibungen und Furcht-Kampagnen zu schüren, ist dieser Vorwurf im Zeitalter des Populismus ihre geringere Sorge geworden. Zunehmend begreifen sie es wieder als ihre vornehmste Aufgabe, eine seriöse Berichterstattung zu verteidigen gegen die übertriebene, übersteigerte Angst, und stattdessen zu informieren und zu argumentieren. Nicht zufällig richtet sich der Furor regierender Rechtspopulisten wie in Österreich sofort gegen öffentlich-rechtliche Medien, in denen sie zielsicher einen gefährlichen Gegner erkennen. In manchen Staaten Osteuropas, innerhalb der EU vor allem in Ungarn, hat dies zu ernsthaften Einschränkungen der Pressefreiheit geführt. In Österreich, wo die rechte FPÖ mitregiert, drohten prominente Politiker der Partei, dem öffentlichen Sender ORF ein Drittel der Korrespondentenstellen zu streichen, „wenn diese sich nicht korrekt verhalten". Eine unverhüllte Drohung, weil der Sender aus Sicht der FPÖ zu kritisch über den nationalistischen Kurs ihrer Gesinnungsgenossen in der ungarischen Regierung berichtet hatte (https://www.welt.de/politik/ausland/article175463222/Oesterreich-FPOE-Politiker-droht-ORF-Journalisten-mit-Entlassung.html).

3 Angst und die Rolle der Medien

Besonders spürbar ist die Angst vor Kriminalität. In vielen Umfragen ist die Sorge der Bürger, Opfer einer Straftat zu werden, bestürzend hoch – viel höher als die Wahrscheinlichkeit, dass dies tatsächlich geschieht. Die Kriminalitätsräte in Deutschland ist 2017 laut der offiziellen Polizeilichen Kriminalitätsstatistik sogar gesunken (https://www.bka.de/DE/AktuelleInformationen/StatistikenLagebilder/PolizeilicheKriminalstatistik/pks_node.html). Die Statistik mag unbestreitbare Schwächen haben, so erfasst sie logischerweise nur registrierte Straftaten und vollzieht nicht nach, was vor Gericht daraus geworden ist. Aber sie ist zumindest der zuverlässigste Indikator dafür, dass die Deutschen in einem der sichersten Länder der Welt leben.

Selbst klare, belegbare Fakten und umfassende Informationen darüber kommen nicht an gegen die gefühlte Gefahr. Sexualmorde an Kindern verunsichern die Bevölkerung verständlicherweise außerordentlich, und die Omnipräsenz der Berichterstattung trägt jeden neuen Fall direkt ins Fernsehzimmer oder auf den Bildschirm des iPhone. Die Mediennutzer haben den Eindruck: Heutzutage kann ich mein Kind ja nicht ohne Aufsicht mehr auf die Straße lassen. Tatsächlich aber ist die Zahl der Sexualmorde an Kindern seit den Siebzigerjahren auf ein Drittel gesunken. Waren es damals, immer im Durchschnitt, etwa neun Fälle im Jahr, sank die Zahl bis heute auf drei. Damals war das Thema noch stark tabuisiert und die Prävention einschließlich der Behandlung und Früherkennung potenzieller Täter noch schwach entwickelt – dafür aber berichten die Medien allein durch ihre schiere Masse und Geschwindigkeit heute viel stärker und intensiver über jeden einzelnen Fall.

Erschwerend hinzu kommen Trolle und Fake-News-Erfinder, die solche absichtsvoll anderen in die Schuhe schieben. So geschehen im sogenannten Fall Lisa. 2016 verschwand die 13-jährige Lisa aus Berlin-Marzahn, als sie nach Tagen wieder auftauchte, gab sie bei der Polizei an, von Ausländern verschleppt und missbraucht worden zu sein. Hunderte Russlanddeutsche demonstrierten vor dem Bundeskanzleramt, Redner gaben Angela Merkel die Schuld an Lisas vermeintlichem Schicksal, weil die Kanzlerin „eine Million Halsabschneider" – gemeint wären die 2015 aufgenommenen Flüchtlinge – ins Land gelassen habe. Als russische Staatsmedien weitere frei erfundene, obszöne Geschichten dieser Art präsen-

3 Angst und die Rolle der Medien

tierten (das Mädchen sei von Ausländern aus dem Nahen Osten „wieder und wieder vergewaltigt worden"), wuchs sich der Fall zu einer diplomatischen Krise zwischen Berlin und Moskau aus.

Die klassischen Medien, die Tages- und Wochenzeitungen, Nachrichtenmagazine, öffentliche Radio und Fernsehsender, die sich seit 1945 mehr und mehr als Flaggschiffe der Aufklärung verstehen, als Träger der vierten Gewalt, als Kontrolleure der Mächtigen in Politik, Wirtschaft, Gesellschaft – sie sehen sich im digitalen Zeitalter angeprangert als „Mainstreammedien", „veröffentlichte Meinung", Agenten der Political Correctness oder „des Systems". Und jene, die solche Vorwürfe erheben, sind immer schwerer zu erreichen, abgeschottet in ihren Filterblasen, in denen sie sich eine eigene Welt errichten. Erstaunlich ist die Selbstverständlichkeit, mit der Linke wie Rechte „den Medien" in toto Panikmache unterstellen. So behauptet ein linker Autor in kollektiver Schuldzuweisung, was das angebliche Ergebnis seiner Recherchen über Medienmacht sei: „Wir alle werden tagtäglich manipuliert. Von Medien und Politik, von Kriegstreibern und Industrie." (Wernicke 2017, 8). Dass sich „die Medien" in einem sehr breiten Spektrum aufteilen in seriöse und weniger seriöse, in Qualitätsjournalismus und Klatschblätter, in reißerischen Boulevard und öffentlich-rechtlichen Sender – das spielt keine Rolle.

Ein beliebter Vorwurf lautet, die Medien berichteten nicht „objektiv". Interessanterweise wird dieser Vorwurf von der Schützenlobby ebenso erhoben wie in der Linkspartei, in der AfD ebenso wie in studentischen Aktivistengruppen. „Objektiv" erscheint vielen von ihnen vor allem die eigene Sichtweise auf die Dinge. Berichten die Medien nicht wie gewünscht, wird unisono der „Mainstream" der Berichterstattung beklagt. Darauf müssten „die Medien" so viel nicht geben. Kritik dieser Art gab es immer schon, sogar mitten im demokratischen Parteienspektrum: Die CDU in Nordrhein-Westfalen betrachtete sich einst als Opfer des WDR-„Rotfunks", Helmut Schmidt (SPD) malte sich beim Spaziergehen gegenüber Reportern aus, wie er sie erschießen würde; Nachfolger Helmut Kohl sprach gern von der „veröffentlichten Meinung". Heute kommt die Fundamentalkritik weniger aus der gesellschaftlichen Mitte, sondern laut und schrill, und in den Echokammern des Internets endlos wiederholt, von den politischen Rändern.

3 Angst und die Rolle der Medien

Besonders die rechtsnationale AfD, seit der Bundestagswahl 2017 stärkste Oppositionspartei, klagt die Medien an, eine systematische Hass- und Verleumdungskampagne gegen die Partei zu betreiben. Schon 2013 behauptete Hans Friedrich Rosendahl:

> *„Spiegel und Focus, Zeit und Frankfurter Sonntagszeitung sowie andere als seriös angesehene Blätter, berichten über die AfD derzeit meist nur im Zusammenhang mit Krisen, autoritärem Stil, finanzieller Unseriosität, angeblicher Rechtslastigkeit und Ähnlichem. Diese Artikel enthalten Vorwürfe, die zwar wiederholt, dabei aber kaum belegt werden."*

Der Bestsellerautor und frühere Berliner Finanzsenator Thilo Sarrazin unterfüttert derlei Feindbilder mit sich objektiv gebenden Analysen, derzufolge die öffentliche Meinung von einem manipulativen System politischer Correctness beherrscht werde, gar von einem „neuen Tugendterror", der Menschen wie ihn hindern solle, seine Meinung zu sagen. So spricht ein Mann, der eine Art Dauergast in allen großen Talkshows des Landes war (Sarrazin 2014). Die tägliche Glosse der Süddeutschen Zeitung, „Das Streiflicht", machte sich darüber lustig: Für Sarrazin sei offenbar schon Terror, wenn noch andere Meinungen als die seine vertreten werden dürften.

Der als Ruf nach mehr Objektivität getarnte Angriff von rechts auf die Pressefreiheit ist nichts, was seriöse Medien beängstigen muss (jedenfalls nicht in Deutschland, in anderen Staaten wie Ungarn oder Polen sieht es dagegen weit düsterer aus). Wer andere kritisiert, muss auch Kritik aushalten, auch wenn sie politisch noch so durchschaubar ist. Eine seriöse Presse kann sich nicht von Angstkampagnen rechter Parteien treiben lassen.

Das bedeutet aber nicht, dass Medien sich und ihre Rolle nicht stets kritisch hinterfragen müssten. Wie sollen sie zum Beispiel umgehen mit der Angst, den ein Teil der Bevölkerung durch den Zuzug so vieler Migranten empfindet? Mitunter gibt es eine Neigung, selbst Partei werden zu wollen. Das zeigte die Debatte darüber, ob in der Berichterstattung die Nationalität straffälliger Ausländer und Migranten genannt werden solle. Nicht wenige Journalisten haben die Meinung vertreten, man solle dies so wenig wie möglich tun, um Vorurteilen nicht Vorschub zu leisten. So schreibt der linke Spiegel-Online-Kolumnist Augstein: „Jeder Artikel,

3 Angst und die Rolle der Medien

der einen assoziativen Zusammenhang zwischen Kriminalität und Migration herstellt oder berücksichtigt, dreht an der Rassismus-Spirale."

Also einfach nicht erwähnen? Das würde die Presse, die Nachrichtensendungen, die online-Plattformen im Grunde dazu zwingen, in der Tat nicht mehr „objektiv" zu berichten, aus politischen Motiven. Es ist aber unmöglich, die Kölner Silvesternacht 2016 und die massive sexuelle Gewalt gegen Frauen und Mädchen zu thematisieren, ohne in Betracht zu ziehen, dass das Gros der festgestellten Tatverdächtigen junge Nordafrikaner waren.

Als in Freiburg im Breisgau binnen weniger Wochen zwei junge Frauen vergewaltigt und ermordet wurden, ging in dieser Region Angst vor einem Serienmörder um. Bald stellte sich jedoch heraus, dass es unterschiedliche Täter gewesen waren. Im ersten Fall ein junger Asylbewerber aus Afghanistan, der sein Alter gefälscht hatte. Als die Tagesschau diese Nachricht nicht meldete, sah sich die ARD massiven Vorwürfen von rechts ausgesetzt, sie wolle unliebsame Nachrichten verschweigen. Für die seriösen Medien, jenseits des Boulevards und sensationsheischender Fernsehsender, bleibt es eine Gradwanderung.

Oft fällt die Reaktion hilflos aus. Aus Sorge, von Lesern oder auf Twitter und Facebook bezichtigt zu werden, Vorurteile, gar Rassismus zu schüren, entwickeln manche Redakteure eine regelrechte Aversion, solche Themen anzufassen. Als in Südwestdeutschland minderjährige Einbrecher umgingen und zahlreiche Häuser aufbrachen, berichtete eine Zeitung stur nur über „13-Jährige" oder Minderjährige, die bei diesen Straftaten ertappt worden seien. Natürlich fragte sich die besorgte Bevölkerung, wer denn diese Kinder und Jugendlichen seien. Es waren aber mehrfach Kinder von Roma aus dem nahen Frankreich, sie wurden von organisierten Banden gezwungen, die Einbrüche zu begehen. Diese Kinder waren selbst Opfer, und ihre Herkunft zu verschleiern, hilft ihnen zu allerletzt.

Wer aber so, aus den besten Absichten heraus, unliebsame Wahrheiten scheut oder gar zu umgehen trachtet, der spielt denen in die Hand, gegen die er doch eintreten will: den rechten Populisten. Er gibt ihnen neue Nahrung für ihre Behauptung, „die Medien" verfälschten die Wahrheit. Er verärgert die Leser, welche in aller Regel mündig genug sind, seriöse Informationen einzuordnen.

3 Angst und die Rolle der Medien

Der Deutsche Presserat gibt in solchen Fällen seit 2017 eindeutige Leitlinien vor, und die Medien sind gut beraten, sich an diesem Kodex zu orientieren, der einfach dem gesunden Menschenverstand entspricht:

> „In der Berichterstattung über Straftaten ist darauf zu achten, dass die Erwähnung der Zugehörigkeit der Verdächtigen oder Täter zu ethnischen, religiösen oder anderen Minderheiten nicht zu einer diskriminierenden Verallgemeinerung individuellen Fehlverhaltens führt. Die Zugehörigkeit soll in der Regel nicht erwähnt werden, es sei denn, es besteht ein begründetes öffentliches Interesse." (Pressekodex, Ziffer 12.1 (seit 2017): http://www.presserat.de/pressekodex/pressekodex/#panel-ziffer_12____diskriminierungen)

Ein begründetes öffentliches Interesse – das ist der entscheidende Unterschied. Es war nicht nötig, dass die Lokalzeitung in einem Prozessbericht über einen diebischen Briefträger mehrfach betonte, dieser stamme aus Exjugoslawien; das hat mit der Tat ja nichts zu tun. Aber die Silvesterübergriffe von Köln? Der Freiburger Mordfall?

Eine Zeitung, die ihren Auftrag ernst nimmt, kann und muss alle Facetten solcher Taten behandeln, sonst wird sie zur Partei, statt über die Parteien zu berichten. Seriöse Medien können hier nur eines tun: Ihren Auftrag unbeirrt ausführen.

Dirk von Gehlen, Social-Media-Chef der Süddeutschen Zeitung, hat sich und seinem Berufsstand sieben Regeln gegen die Angst vorgeschlagen, gedacht vor allem für die sozialen Medien:

1. „Ich bin mir bewusst, dass eine von mir verbreitete Information gerade bei Freunden als verlässlich wahrgenommen wird. Dieser Verantwortung meinen Freunden gegenüber versuche ich gerade in schwierigen Situationen gerecht zu werden.

2. Bevor ich etwas veröffentliche oder an meine Freunde schicke, atme ich dreimal tief durch – und suche mindestens zwei verlässliche Quellen für die Informationen.

3. Ich verbreite keine Gerüchte! Ich halte mich nur an bestätigte Informationen und versuche mich von Spekulationen fernzuhalten. Deshalb halte ich mich an offizielle Stellen, an seriöse Medien und verifizierte Accounts!

3 Angst und die Rolle der Medien

4. Ich poste, retweete und verbreite keine Bilder und Filme, deren Herkunft ich nicht kenne. Ich bin mir bewusst, dass derartige Nachrichtenlagen Betrüger anziehen, die mit Absicht Fotomontagen und bewusste Lügen verbreiten.

5. Informationen und Bilder, die im Zusammenhang mit der Tat stehen, übermittle ich der Polizei und mache sie nicht öffentlich. Besonders dann nicht, wenn sie die Menschenwürde der Opfer verletzen und den Tätern nützen.

6. Ich hüte mich davor, sofort Problemlösungen zu verbreiten. Ich kenne den Reflex des ‚kommentierenden Sofortismus' (Bernhard Poerksen) und folge ihm nicht. Ich verbreite keine einseitigen Schuldzuweisungen und gebe diesen auch durch Retweets und Zitate keine Bühne.

7. Egal wie schlimm die Situation sein mag, ich werde nicht in Panik verfallen und selber dazu beitragen, dass Angst sich verbreitet. Das ist das zentrale Ziel von Terror: Angst und Hass zu verbreiten. Dem widersetze ich mich! Durch mein eigenes Verhalten trage ich vielmehr dazu bei, Social-Media-Gelassenheit zu verbreiten." (https://www.gegen-die-panik.de/)

Vielleicht aber wird man all dies in Zukunft einmal gelassener betrachten, so wie aus heutiger Warte die Radio-Berichte über die Invasion vom Mars 1938. Die historische Forschung hat nämlich längst festgestellt, dass die Massenpanik der Hörer bloß ein Mythos ist. Es gab besorgte Anrufer und einige New Yorker, welche schnell die Stadt verließen, um sich vor den dreibeinigen Monstern zu retten. Doch die große Menge der sechs Millionen Hörer erkannte die Fiktion ohne Mühe. 75 Jahre danach erklärten zwei Experten:

> *„Die Legende von der Panik wuchs mit den Jahren exponentiell. Sie hält sich so erfolgreich, weil sie für all das Unbehagen steht, das viele Menschen angesichts der Macht empfinden, welche die Medien über sie haben."* (Jefferson Pooley u. Michael Socolow [28.10.2013] "The Myth of the War of the Worlds Panic", zitiert nach Schwartz 2015)

Literatur

Der Tagesspiegel (2020) Kritik an ARD und ZDF: Forscher bescheinigen "Tunnelblick" während Corona-Krise. URL: https://www.tagesspiegel.de/gesellschaft/medien/kritik-an-ard-und-zdf-forscher-bescheinigen-tunnelblick-waehrend-corona-krise/26105458.html (abgerufen am 30.04.2021)

Grimm I (2020) Haben ARD und ZDF die Corona-Angst geschürt? Sender wehren sich gegen Medienstudie. Redaktionsnetzwerk Deutschland. URL: https://www.rnd.de/medien/kritik-an-corona-berichterstattung-von-ard-und-zdf-sender-wehren-sich-gegen-medienstudie-C3B4FEKAMNBFBNTKGO5EETMR3E.html (abgerufen am 30.04.2021)

heute.de (2020) Medienumgang mit Coronavirus: "Panikmache ist ein Geschäftsmodell". URL: https://www.zdf.de/nachrichten/panorama/coronavirus-medien-fakenews-100.html (abgerufen am 30.04.2021)

Kepplinger M (2018) Medien und Skandale

Russ-Mohl S (2020) Das Corona-Panikorchester. Süddeutsche Zeitung. URL: https://www.sueddeutsche.de/medien/russ-mohl-gastbeitrag-corona-panikorchester-1.5075025 (abgerufen am 30.04.2021)

Sarrazin T (2014) Der neue Tugend-Terror. München

Schwartz AB (2015) Broadcast Hysteria: Orson Welles's War of the Worlds and the Art of Fake News. New York

Wernicke J (2017) Lügen die Medien?

Wickert U (2016) Medien: Macht und Verantwortung

4 Angst und Glaube

Irmtraud Fischer

Religion wird oft als Heilmittel gegen die Angst beschworen, obwohl Religionen auch viel zur Kultivierung von Angstzuständen beigetragen haben – und es teils noch immer tun. Alle Religionen nehmen daher – wenngleich auf sehr unterschiedliche Weise – gegen die diffuse Urangst des Menschen Stellung, die wohl mit seiner Sterblichkeit zusammenhängt. Wie kann angesichts des Transzendenten ein Leben so gelebt werden, dass es Bestand haben kann und nicht einer – wie auch immer vorgestellten – Bestrafung im Diesseits oder Jenseits anheimfällt? Wie kann ein Leben gerade auch in Anbetracht von Leid ohne beständige Angst vor dem sicheren Ende erfüllend gelebt werden? Die Angst, dass Handlungen der Vergangenheit und Gegenwart durch Tod plötzlich unwiderrufbar werden können, sitzt dem Menschen tief in den Knochen. Im Folgenden sollen einige biblische Linien gezeichnet werden, die die Kulturgeschichte Europas durch die Rezeption in den zwei hierzulande lange Zeit dominanten Religionen, dem Christentum und dem Judentum, geprägt haben.

4.1 Die Klage als allererster Anfang der Angstbewältigung

Angst zu haben, bedeutet immer, in seinen Entfaltungsmöglichkeiten beschränkt zu sein, und ist mit Leid verbunden. In der christlichen Tradition ist in manchen Epochen und Kontexten das Leid, wenn schon nicht verherrlicht, sodann zumindest als adäquater Weg der Jesusnachfolge empfohlen worden. Wenn nun aber Leid kulturell-religiös positiv besetzt wird, ist es kein besonderes Anliegen, gegen seine Ursachen vorzugehen. Gibt es zudem den Glauben an eine Vergeltung im Jenseits, dann wurde das Schaffen der Gerechtigkeit noch im Diesseits auch als nicht zwingend notwendig erachtet.

Das war jedoch die längste Zeit der biblischen Überlieferung anders: Der Glaube an ein Weiterleben nach dem Tod ist ausschließlich in den jüngsten Teilen des Alten Testaments (AT) (vgl. z.B. 2 Makk 7) bezeugt. Selbst zur Zeit Jesu gab es offenkundig noch Strömungen im Judentum, die kritisch gegenüber dieser theologischen Vorstellung waren (Lk 20,27). Lange war vielmehr die Konzeption dominant, dass man in den nachfolgenden Generationen weiterlebe, die eigenen Kinder das ehrende Gedächtnis bewahren und die eigene Biografie in den Nachkommen weiter verwirklicht wird. Die Vorstellung von einem glückenden Leben ist in diesen Schriften also weniger individuell als vielmehr sozial und kollektiv geprägt und auf das Diesseits konzentriert, da es ein Jenseits, in dem alles recht gemacht und Gerechtigkeit wiederhergestellt werden kann, (noch) nicht gibt. In der Regel ist der Einzelne nicht auf sich allein gestellt, wenn ihm Unglück oder Unheil zustößt. Die Gemeinschaft trägt das Individuum, sowohl in der Anteilnahme am Leid als auch im historisch gesammelten Wissen, dass die Gottheit Israels schon viele Male gerettet hat und – so hofft die Gemeinschaft auch für den Einzelnen – auch dieses Mal wieder mit ihrem Beistand zugegen sein wird.

Der erste Weg aus der Angst, aus den vielfältigen Bedrohungen im Leben und der daraus resultierenden psychischen Verfasstheit ist für das AT die Schilderung der Not vor Gott. Die Klagepsalmen (siehe exemplarisch Ps 22) bieten eindrückliche Beschreibungen von ängstigender Bedrängnis: Feinde trachten nach dem Leben, haben die betende Person sozial isoliert (V7–9) oder gar gefoltert (V17b-18). Diese ist gefangen und abgeschnitten vom Leben (V19), wilde Tiere als Symbole des Chaos umringen sie (V13f.17.21f.), Krankheit befällt sie (V15f.), aus der Enge kann sie nicht mehr heraus und zudem hat sie ihr Gott verlassen (V1), sie steht damit ganz ohne Hilfe da. Auch wenn es Texte gibt, die all diese Formen von Not aufzählen, ist es dennoch unwahrscheinlich, dass ein einzelner Mensch von alldem auf einmal betroffen ist. Wir haben eher damit zu

4.1 Die Klage als allererster Anfang der Angstbewältigung

rechnen, dass diese vielfältigen Differenzierungen aller möglichen Bedrohungen einerseits symbolisch zu verstehen sind (Hunde und Löwen, die bedrängen, Klage, bereits ins Grab gesunken zu sein), andererseits aber in der Fülle darauf hindeuten, dass wir es nicht mit Spontangebeten, sondern vielmehr mit Gebetsformularen zu tun haben, die möglichst alle Situationen zu erfassen bestrebt sind (leicht lesbar dazu Zenger 2003). Fast alle dieser Schilderungen der Not, die von Erhörungsbitten an die Gottheit durchdrungen sind, doch möglichst rasch eine Wende herbeizuführen, enden mit einem sogenannten „Stimmungsumschwung", der plötzlich in ein Gotteslob mündet (V23-32).

Nun darf man sich nicht vorstellen, dass die antiken Betenden Persönlichkeiten von simpler oder gar naiver Natur gewesen seien, die von einem Atemzug auf den anderen von „zu Tode betrübt" auf „himmelhochjauchzend" umzuschwenken imstande waren. Dieser Wechsel signalisiert wohl weniger einen rapiden emotionalen Wandel als vielmehr eine therapeutische Intervention: Wenn die Psalmen in ihrer heutigen Form eben nicht verschriftete Stoßgebete sind, sondern den Gebetsschatz des Jerusalemer Tempels darstellen, dann ist die möglichst breite Schilderung der Not als Verbalisierung der eigenen Befindlichkeit der erste Schritt aus der Angst – oder vielleicht sogar aus der Traumatisierung. Die Klage ist im AT daher kein Symptom mangelnden Gottvertrauens, sondern Voraussetzung zu einem Ausweg aus der verengten und daher verängstigenden Lebenssituation. Erst nach dem Bewusstmachen der eigenen Situation kann Hilfe dazu anleiten, dass die Klage nicht zum anhaltenden Jammern wird, und aufzeigen, dass es Leid- und Angstbewältigung gibt. Diese ist nie schnell, von einem Atemzug auf den anderen zu erreichen und Rückfälle sind vorprogrammiert; davon wissen auch die Klagepsalmen, wenn nach Äußerungen des Gottvertrauens (V4-6.10-12) immer wieder die Klage von vorn beginnt (V7-9.13-22). Aber sie führen in kreisender Annäherung die Betenden strategisch zu einer Bewältigung, indem sie auf die in das kulturelle Gedächtnis eingegangenen Erfahrungen verweisen, die Menschen mit ihrem Gott zu berichten haben (vgl. V5f.). Die Anleitung zum Gotteslob ist daher kein leichtfertiges Zudecken des Leides durch seichte Frömmigkeit, sondern uraltes Wissen um Hilfe bei der Krisenbewältigung.

4 Angst und Glaube

„Du führst mich hinaus ins Weite ...
Mein Gott macht meine Finsternis hell." (Ps 18,20.29)

Der betende Mensch darf hoffen, dass es ihm so ergeht, wie es vor ihm in derselben Gemeinschaft bereits vielen geschehen ist und die heute in der Lage sind zu bekennen:

„Du aber bist heilig, thronst über dem Lobpreis Israels.
Auf Dich vertrauten unsere Ahnen, sie vertrauten Dir und wurden gerettet.
Zu Dir schrien sie und wurden gerettet,
auf Dich vertrauten sie und wurden nicht zuschanden." (Ps 22,4-6)

In der Bewältigung von Krisen und von Angst im Besonderen wurden Menschen in Alt Israel also nicht allein gelassen. Es gab nicht nur einen starken sozialen Zusammenhalt, der das Individuum durch die Gruppe schützte, sondern offenkundig auch institutionelle Hilfe, die an Heiligtümern oder durch theologisch erfahrene Fachleute angeboten und auch in Anspruch genommen wurde.

4.2 Das Heilsorakel „Fürchte Dich nicht!" als Urwort göttlicher Offenbarung

Thematisiert das Gebet den Themenbereich „Angst" vom Menschen her, so das sogenannte „Heilsorakel" von der Seite Gottes. Die vom Alten Orient und der Bibel inspirierten Religionen haben ein personales Gottesverständnis. Das bedeutet, dass personale Kommunikation zwischen Gottheiten und Menschen, zwischen Irdischem und Himmlischem, das in der alltäglichen Erfahrung getrennt erscheint, möglich ist. Die Gottheit, die nach alttestamentlicher Vorstellung sich in unterschiedlichster Weise zeigen oder hören lassen kann, kann dennoch nie von Angesicht zu Angesicht gesehen werden (z.B. Ex 33,20.23), denn das würde den Tod des Menschen bedeuten (z.B. Dtn 5,24-26). Immer gibt es eine Gebrochenheit in der Darstellung von Gottesbegegnungen, sei es durch Dunkelheit (Gen 32,25.31), Theophanie-Elemente wie Rauch und Feuer (Ex 3,2-6; 20,18-21) oder die Vermittlung von Boten (= Engeln, z.B.

Gen 16,7–14; 1 Kön 19,1–13) und Personifikationen (z.B. Frau Weisheit, Schechina, Arm Gottes). Aus dieser Kommunikationssituation heraus geschieht die erste Kontaktaufnahme der Gottheit mit dem Volk (Jes 41, 13f.; 43,1; 44,2) oder mit einem Einzelnen (z.B. Gen 15,1; 21,17; Jes 7,4; Lk 1,30) mit einem Heilsorakel, das übrigens nicht genuin biblisch, sondern auch in Israels Umwelt etwa in prophetischen Worten bezeugt ist. Die Aufforderung „Fürchte Dich nicht!", die häufig mit einer Beistandszusage „Ich bin mit Dir!" verbunden ist, nimmt den Menschen die Angst vor der Begegnung mit dem Göttlichen und diesem den Nimbus des Gefährlichen. Ein Gotteswort, das so beginnt, erweist die positive Kommunikationsabsicht der Gottheit, die sich zuwendet und auf ihre Offenbarung eine freie Antwort der angeredeten Menschen erwartet. Ja, es entlässt Menschen für diese Kommunikationssituation quasi für einen Augenblick aus dem Korsett der Geschöpflichkeit, indem zwischen den beiden Sphären des Irdischen und des Himmlischen Kontakt und Beziehung hergestellt wird. Angstfrei soll der Mensch dieses Gottesverhältnis erleben.

4.3 Ursachen für Angst und Leid

Der strikte Monotheismus, der sich in der formativen Phase des AT entwickelt, lässt keine alternativen Projektionsflächen für jene Phänomene zu, die Menschen ängstigen. Das Gute wie das Böse kann von Gott kommen, in einem strengen Eingottglauben gibt es weder übelwollende andere Gottheiten noch Dämonen und schon gar keinen Teufel, der wider Gott Macht hätte.

„Nehmen wir das Gute an von Gott, sollen wir dann nicht auch das Böse annehmen?", sagt Ijob nach dem Vernehmen der Hiobsbotschaften, die ihm den Zusammenbruch seines ganzen bisherigen Lebens verkünden sowie das Auftreten einer spezifischen Krankheit, die ihn, den Gerechten, explizit als bundesbrüchig aufweist (siehe dazu Fischer 2006, 97–109). Weder seine Frau, die die Gottesrede von 2,3 wiederholend in 2,9 bestätigt, noch seine Freunde haben allerdings Verständnis dafür, dass er sich gegen die Umkehrung des „Tun-Ergehen-Zusammenhangs" wendet und von sich weist, dass das massive Unglück, das ihn getroffen hat, mit Fehlverhalten zu tun habe. Er widerspricht zwar nicht dem weisheitlichen Lebenswissen, dass Schuld Unheil nach sich zieht (vgl. Spr 26,27), aber er wendet sich vehement gegen den Umkehrschluss, dass jene, die vom Schicksal hart getroffen werden, gesündigt haben müssten – und bekommt am Ende von Gott Recht (Ijob 42,7f.). Das Unheil Ijobs – das wissen die Lesenden, nicht aber er selber von vornherein – ist einer göttlichen Prüfung geschuldet. Aber das eigentliche Problem bzw. dessen Lösung wird erst nach den Gottesreden offenkundig: Der Mensch kann das Wirken Gottes in seinen Gesamtzusammenhängen nicht erkennen (Ijob 42,1–6). Ijob trifft sich in dieser Ansicht mit dem sich mit der hellenistischen Philosophie auseinandersetzenden Kohelet (Koh 3,11), der allerdings nicht durch Schmerz und Leid zu dieser Einsicht kommt, sondern durch Lebensgenuss und Lebenserfahrung (1–2; 9,7–10).

Solche Aussagen befreien uns Heutige zwar nicht, nach den Ursachen von Angst und Ängsten zu suchen, aber sie bieten zumindest einen sicheren Hafen: Angst kann durch unbewältigtes Selbstverursachtes in der Vergangenheit hervorgerufen werden, auch durch Schuld, aber das muss nicht so sein. Keinesfalls dürfen Menschen mit Ängsten beschuldigt werden, sie seien selber an ihrem Zustand schuld. Während Gläubige heute auf Gerechtigkeit im Jenseits hoffen können, verstärkte sich in Alt-Israel das Problem des leidenden Gerechten ab der Phase der Hinwendung zu einem strikten Monotheismus, da der Glaube an ein Weiterleben nach dem Tod noch nicht entwickelt war: Alles, das Gute, das Böse – auch die Angst – muss mit diesem einen Gott zu tun haben, der im Diesseits noch Gerechtigkeit schaffen muss, wenn er denn gerecht sein soll.

4.4 Biblische Texte als Ausdruck traumatisierender Erfahrung – und deren Bewältigung

In den letzten Jahren haben ExegetInnen begonnen, gerade jene Texte aus den Prophetenbüchern und den Klageliedern, die von Terror, Panik und Angst reden, im Licht der Trauma-Forschung zu deuten. Damit konnten etwa die chaotisch wirkende Anordnung von Texten im Jeremiabuch als Ausdruck der Fragmentierung, die Starrheit Ezechiels (Ez 4) als sym-

4.4 Biblische Texte als Ausdruck traumatisierender Erfahrung – und deren Bewältigung

bolisierender Totstellreflex, die meist als lächerlich-ironisch gedeutete Flucht Jonas vor dem göttlichen Auftrag, der Kapitale des imperialen Traumaverursachers den Untergang anzusagen, als Fluchtreflex und die Literaturgattung der Apokalyptik, wie sie etwa in der Johannesoffenbarung zutage tritt, als erzählerisches Produkt kollektiver Traumatisierung kosmischen Ausmaßes gedeutet werden (vgl. z.B. O'Connor 2011; Poser 2012; Fischer 2015). Wer mit dieser Brille die Bibel liest, wird gerade die Texte, die von grauenvoller Angst und Panik reden und meist mit völlig überlegenen, militärisch hochgerüsteten Invasoren zu tun haben, als Ausdruck individueller, aber auch kollektiver und transgenerationaler Traumatisierung (siehe Kühner 2007; Huber u. Plassmann 2012) verstehen können. Häufig wurden solche Texte insbesondere des AT in christlicher Exegese mit Unverständnis und teils auch mit massiver antijüdischer Tendenz ausgelegt. Die Deutung dieser Bibeltexte als literarischer Niederschlag von Traumatisierung hat einerseits das Verständnis für einzelne Elemente wesentlich geändert, andererseits auch bewusst gemacht, dass solche Literatur in Heiligen Schriften als Ausdruck von unbewältigbaren Erlebnissen und panischer Angst nicht das Individuum pathologisiert, sondern vielmehr die verursachenden Situationen. Das AT mit seinen großen, alten Menschheitsgeschichten ist bis heute in der Lage, Menschen den Weg aus der Enge in die Weite zu weisen.

Literatur

Fischer I (2006) Gotteslehrerinnen. Weise Frauen und Frau Weisheit. Kohlhammer Stuttgart

Fischer I (2012) Zum Themenbereich Angst und Furcht im Alten Testament. In: Goltschnigg D (Hrsg.) Angst. Lähmender Stillstand und Motor des Fortschritts. Grazer Humboldt-Kolleg 6.–9. Juni 2011. 79–86. Stauffenburg Tübingen

Fischer I (2015) Jona – Prophet eines traumatisierten Volkes. In: Wimmer SJ, Gafus G. (Hrsg.) „Vom Leben umfangen": Ägypten, das Alte Testament und das Gespräch der Religionen: Gedenkschrift für Manfred Görg (ÄAT, 80). 33–41. Ugarit Münster

Huber M, Plassmann R (Hrsg.) (2012) Transgenerationale Traumatisierung: Tagungsband zur DGTD-Tagung im September 2011 in Bad Mergentheim. Junfermann Paderborn

Kühner A (2007) Kollektive Traumata: Konzepte, Argumente, Perspektiven (Psyche und Gesellschaft). Psychosozial-Verlag Gießen

O'Connor KM (2011) Jeremiah: Pain and Promise. Fortress Press Minneapolis, MN

Poser R (2012) Das Ezechielbuch als Trauma-Literatur (SupplVT, 154). Brill Leiden

Zenger E (2003) Psalmen. Auslegungen 1–4. Herder Freiburg i.Br.

5 Angst und Musik

Alexander Schmidt, Isabel Fernholz, Jennifer Mumm,
Andreas Ströhle und Jens Plag

Angst und Musik sind in vielfältiger Weise miteinander verwoben. Der folgende Beitrag beleuchtet die Beziehungen aus verschiedenen Perspektiven. Im ersten Teil werden Erkenntnisse zum Einfluss von Musik auf Angst beschrieben und insbesondere auf die angstinduzierende und -reduzierende Wirkung der Musik fokussiert. Im zweiten Teil werden Grundlagen der Auftrittsangst dargestellt – einer für Musiker äußerst relevanten Angsterkrankung.

5.1 Einfluss von Musik auf Angst

5.1.1 Musik zum Fürchten

Wer kennt sie nicht – die berühmte Szene in „Psycho", dem Film der zu Alfred Hitchcocks bekanntesten Referenzen zählt. Eine junge Frau betritt die Dusche, zieht den Duschvorhang zu, dreht das Wasser auf und beginnt sich einzuseifen. Währenddessen ist durch den halbtransparenten Duschvorhang zu beobachten, dass, unbemerkt von der Duschenden, plötzlich jemand das Bad betritt und sich langsam der Dusche nähert. Die Gestalt verharrt kurz unmittelbar vor dem Vorhang, zieht diesen ruckartig zur Seite und hebt ein Messer in die Höhe. Analog setzt schrille Streichermusik ein. Die Frau schreit laut auf und beginnt einen kurzen Kampf mit dem Angreifer. Die Musik intensiviert sich, die Lautstärke nimmt zu, weitere Streicher im Stakkato setzen ein, während unbarmherzig auf die Frau eingestochen wird. Schließlich bricht die Frau blutend zusammen und gleitet langsam an der Wand der Dusche hinunter – die Musik wechselt, ein in tiefer Tonlage ausgeführter langsamer „Streicherteppich" dominiert die Szene, die schrillen Sequenzen nehmen hinsichtlich Frequenz und Tonlage langsam ab und begleiten auslaufend den Todeskampf der Sterbenden. Die Szene ist bereits visuell angsteinflößend; es erscheint jedoch intuitiv, dass die hier von Bernard Herrmann komponierte Musik den furchteinflößenden Charakter des Gesehenen noch einmal verstärkt.

Wissenschaftlichen Untersuchungen folgend besitzt diese Musik tatsächlich vieles von dem, was für eine angstauslösende Wirkung notwendig ist: eine im Vergleich zu gesprochenen Sequenzen große Lautstärke, abrupte Amplituden- und Frequenzwechsel sowie dominierende Disharmonien. Diese sogenannte akustische „Nonlinearität" zeichnet jedoch nicht nur Musik in vielen Horrorfilmen aus sondern ist auch ein Charakteristikum von Schreien, die Säugetiere (auch Babys) unter erhöhtem Stress in Gefahrensituationen ausstoßen. Diese Gemeinsamkeit wird daher von einigen Forschern als evolutionsbedingte Grundlage dafür angesehen, dass Musik mit bestimmten strukturellen Signaturen Angst auslöst (z.B. Blumstein et al. 2010).

In einigen wenigen Studien wurde mithilfe bildgebender Verfahren untersucht, welche Effekte emotionale Musik auf die Aktivität bestimmter Hirnbereiche ausübt. Es konnte gezeigt werden, dass das Hören von Musik mit nonlinearen, angstauslösenden Elementen zu einer stärkeren Vernetzung von angstassoziierten Arealen (insbesondere der Amygdala als „Angstzentrum") mit anderen Regionen führt, die insbesondere für die visuelle Wahrnehmung und für eine schnelle Aufmerksamkeitsausrichtung zuständig sind. Diese Befunde wurden dahingehend interpretiert, dass musikinduzierte Angst möglicherweise eine erhöhte visuelle Aufmerksamkeit zur besseren Abwehr einer Bedrohung auslöst oder aber auch zu einer besonders starken emotionsspezifischen Imagination im Sinne einer „schaurig-schönen" Wahrnehmung führen kann (Koelsch et al. 2013).

5.1.2 Musik gegen Angst

Neben ihren angstauslösenden Effekten kann Musik auch eine angstreduzierende Wirkung besitzen und damit bedeutendes therapeutisches Potenzial vorhalten. Das Hören von Musik, aktives Musizieren sowie spezifische musiktherapeutische Angebote sind bereits Teil des Behandlungsrepertoires unterschiedlicher psychischer Erkrankungen. Insbesondere die Effekte des Musikhörens bei Menschen mit verschiedenen körperlichen Erkrankungen bzw. physiologischen Bedingungen, die mit verstärkter Angst einhergehen können, waren Gegenstand der klinischen Forschung. Es konnte gezeigt werden, dass die Darbietung von „angenehmer" Musik bei den meisten der untersuchten Konditionen zu einer deutlichen Reduktion eines zuvor erhöhten Angstniveaus führte (s. Tab. 1). Eine Reihe von Aspekten werden hierbei als Einflussfaktoren auf die angstreduzierende Wirksamkeit diskutiert: So wird einer durch den Patienten selbst ausgewählten Musik ein stärker angstreduzierender Effekt zugeschrieben als einer vorgegebene (Entspannungs-)Musik. Auch die Art (Kopfhörer vs. Hintergrundmusik), der Zeitpunkt (während, vor oder nach einem Eingriff) der Darbietung sowie die Schwere der Grunderkrankungen haben sich als mögliche Variablen des therapeutischen Effektes erwiesen. Der kulturelle Hintergrund des Patienten spielt bei der Auswahl der „richtigen Musik" ebenfalls eine wichtige Rolle.

Analog zu den Veränderungen der Hirnaktivität durch angstauslösende Musik, konnten auch während des Hörens angenehmer Musik spezifische biologische Veränderungen beobachtet werden: So zeigte sich bei den Empfängern ein Rückgang der Adrenalinfreisetzung, eine Verminderung des „Stresshormons" Kortisol sowie eine Aktivitätsabnahme in der Amygdala (z.B. Bradt u. Teague 2018) – und damit eine Konstellation, die deutlich mit Entspannung und Angstreduktion einhergeht. Ungeachtet dieser Ergebnisse und des verbreiteten Einsatzes von Musik als therapeutischem Element, wurden bisher bei spezifischen Angsterkrankungen mit Ausnahme der Zahnarztangst („Dentophobie") die Effekte von Musik nicht systematisch untersucht (s. Tab. 1). Diese Lücke bietet interessante Ansatzpunkte für die Forschung und die Möglichkeit, Musik für die Therapie der Angst zukünftig umfangreicher nutzbar zu machen.

Tab. 1 Übersicht zu angstreduzierenden Effekten von Musik in der klinischen Anwendung

Kondition	Studien	Intervention(en)	Ergebnisse
Angst während der Schwangerschaft[1]	3	wiederholtes Hören von Musik während der Schwangerschaft	angstreduzierender Effekt *in allen Studien* gefunden[1]
Angst vor Operationen (OP)[2]	66	Hören von Musik vor, während und/oder nach OP	angstreduzierender Effekt vor, während oder nach OP *in der Mehrheit der Studien* gefunden
Angst bei Herzkatheter (HK)-Untersuchungen[3]	15	Hören von Musik vor, während und/oder nach HK	angstreduzierender Effekt vor, während oder nach HK *in der Mehrheit der Studien* gefunden
Angst bei Krebs[4]	52	Musiktherapie/Hören von Musik in Gruppen	angstreduzierende Effekte von beiden Interventionen *in der Mehrheit der Studien* gefunden
Angst bei künstlicher Beatmung[5]	14	Hören von Musik vor und während der Beatmung	angstreduzierende Effekte[a] von beiden Interventionen *in der Mehrheit der Studien* gefunden
Angst bei koronarer Herzkrankheit (KHK)[6]	23	Hören von Musik während des Krankheitsverlaufs	angstreduzierende Effekte *in der Mehrheit der Studien* gefunden
Angst bei Demenz[7]	8	aktives Musizieren/ Hören von Musik in Gruppen	angstreduzierende Effekte von beiden Interventionen *in einigen Studien* gefunden
Zahnarztangst[8]	10	Hören von Musik vor, während oder nach der Behandlung	angstreduzierende Effekt vor, während oder nach Eingriff *in einigen Studien* gefunden

[1] Corbijn van Willenswaard et al. (2017) BMC Psychiatry. 2017 Jul 27;17(1):271
[2] Kühlmann et al. (2018) Br J Surg. 2018 Jun;105(7):773–783
[3] Jayakar u. Alter (2017) Complement Ther Clin Pract. 2017 Aug;28:122–130
[4] Bradt et al. (2016) Cochrane Database Syst Rev. 2016 Aug 15;(8):CD006911
[5] Bradt u. Dileo (2014) Cochrane Database Syst Rev. 2014;(12):CD006902
[6] Bradt u. Dileo (2009) Cochrane Database Syst Rev. 2009 Apr 15;(2):CD006577
[7] Ing-Randolph et al. (2015) Int J Nurs Stud. 2015 Nov;52(11):1775–84
[8] Bradt u. Teague (2018) Oral Dis. 2018 Apr; 24(3):300–306
[a] beurteilt anhand der Senkung der Atmungsfrequenz und/oder des Blutdrucks sowie der Reduktion des Gebrauchs von Beruhigungsmitteln

5.2 Auftrittsangst bei Musikern

5.2.1 Definition und Phänomenologie

Die Auftrittsangst ist die am häufigsten berichtete (Angst-)Störung unter Berufsmusikern – ungefähr ein Viertel aller Musiker leiden darunter, Frauen sind häufiger betroffen (Kenny 2011; Spahn 2015). Eine einheitliche Definition der Erkrankung fehlt bislang. In der Praxis wird die Auftrittsangst im Internationalen Klassifikationssystem der Krankheiten (ICD-10) als Spezifische Phobie kodiert und im Diagnostic and Statistical Manual for Psychiatric Disorders (DSM 5) als Performancesubtyp der Sozialen Phobie.

Die meisten Auftritte vor Publikum sind mit einer spezifischen physiologischen Erregung/Aufregung (auch umgangssprachlich als Lampenfieber bezeichnet) verbunden. Diese Aufregung vor dem Auftritt löst durch Aktivierung des sympathischen Nervensystems eine phylogenetisch alte Reaktion aus, um bei Gefahr das Überleben entweder durch eine Flucht- oder durch eine Kampfreaktion zu sichern. In der Auftrittssituation führt es u.a. zu verstärkter Konzentration, Wahrnehmung, Aufmerksamkeit und stärkerer Durchblutung der Muskulatur. Die Aufregung hängt hierbei in einem umgekehrten U-förmigen Zusammenhang mit der Aufführungsqualität zusammen (s. Abb. 1).

Ein gewisses Maß an Aufregung ist für eine gute Aufführung unerlässlich und hat keinen Krankheitswert. Ist der optimale Grad der Aufregung erreicht, befindet sich der Musiker im sogenannten „Flow", im idealen Spielzustand mit größtmöglicher Aufmerksamkeit und Konzentration und mühelosem Spiel. Wird die Aufregung stärker, kommt es zu einer manifesten Auftrittsangst, die Leistung kann nicht mehr abgerufen werden und die Aufführungsqualität sinkt.

Auftrittsangst ist sehr individuell ausgeprägt und kann in verschiedenen Schweregraden meist unabhängig vom musikalischen Können in unterschiedlichsten Situationen (z.B. im Orchester, beim solistischen Spiel, in Probespielen) auftreten. Die Störung manifestiert sich typischerweise auf vier Ebenen (Kenny 2011; Spahn 2015):

5 Angst und Musik

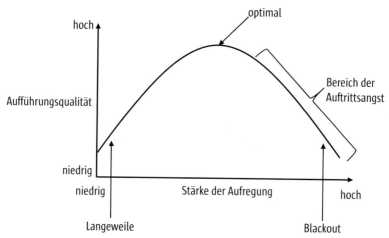

Abb. 1   Yerkes-Dodson-Kurve angepasst für die Auftrittsangst (nach Yerkes u. Dodson 1908)

- **Auf der physiologischen Ebene** (Aktivierung des sympathischen Nervensystems mit z.B. Tremor, Schwitzen, erhöhtem Puls und Atemfrequenz) sind die Symptome oft instrumentenspezifisch ausgeprägt. So leiden Bläser z.B. vermehrt unter Mundtrockenheit während Streicher eher unter einem Bogentremor leiden.
- **Auf der emotionalen Ebene** sind Gefühle von übermäßigem Stress, Angst und Panik spürbar.
- **Kognitive Symptome** (z.B. Selbstzweifel, Misserfolgserwartung, Katastrophisieren) sind regelhaft vorhanden.
- **Verhaltensprobleme** (z.B. Vermeidungsverhalten, Fehler beim Spiel, Medikamenteneinnahme) können ebenfalls beobachtet werden.

Unbehandelt hat die Erkrankung einen ungünstigen Verlauf mit drohender Berufsunfähigkeit, daher kommt der Therapie und Prävention eine wichtige Funktion zu.

5.2.2 Ätiologie

Zur Ätiologie der Auftrittsangst und anderer sozialphobischer Ängste gibt es verschiedene Theorien. Im Unterschied zu Patienten mit sozialer Angst weisen Musiker besonders häufig einen hohen Grad an Perfektionismus auf. Dieser kann zu einem überhöhten Leistungsanspruch an sich selbst führen und die Angst vor Auftritten erhöhen. Zusätzlich spielen ein erhöhtes Kontrollbedürfnis, eine zu starke negative Bewertung von Fehlern, ausgeprägte Selbstkritik und eine große Identifikation mit dem Beruf, die sicher auch mit dem frühen „Berufsbeginn" meist im Kindesalter zu tun hat, bei den Ursachen der Auftrittsangst eine wichtige Rolle (Kenny 2011; Spahn 2015).

5.2.3 Diagnostik

Die Diagnose einer Auftrittsangst wird durch eine sorgfältige Anamnese und klinische Untersuchung durch einen in der Behandlung von Musikern erfahrenen Arzt gestellt. Grundsätzlich setzt die Diagnosestellung die Erhebung eines vollständigen psychopathologischen Befundes sowie eine somatische Ausschlussdiagnostik voraus. Diagnostisch wegweisend sind eine primär ausgeprägte Furcht (oder Vermeidung) vor Auftritten, das Vorhandensein von Symptomen auf allen vier Ebenen der Auftrittsangst sowie ausgeprägte angstbedingte Einschränkungen oder Leidensdruck. Eine weiterführende apparative Zusatzdiagnostik ist in der Regel nicht ergiebig (Kenny 2011; Spahn 2015). Differenzialdiagnostisch kann die Abgrenzung zum Lampenfieber schwierig sein.

> *Diagnostische Fragen zur Abgrenzung von Auftrittsangst und Lampenfieber*
> - *Ist die Angst übertrieben?*
> - *Sind starke Körpersymptome vorhanden?*
> - *Besteht Leidensdruck?*
> - *Ist die Leistung eingeschränkt?*
> - *Vermeidungs- oder Sicherheitsverhalten vorhanden?*

5.2.4 Therapie

Therapie der Wahl der Auftrittsangst sind psychotherapeutische Verfahren. Hierbei wurde in Studien vor allem die Wirksamkeit der kognitiven Verhaltenstherapie bestätigt. Forschungsbedarf besteht vor allem für

5 Angst und Musik

psychodynamische Verfahren, da es bislang vielversprechende Hinweise aus Kasuistiken gibt. Pharmakotherapeutisch können zur Behandlung der Auftrittsangst Beta-Blocker eingesetzt werden. Diese werden bei fehlenden Kontraindikationen ca. 30 Min. vor dem Auftritt niedrig dosiert eingenommen und reduzieren insbesondere die vegetative Symptomatik und nicht die Angst im engeren Sinne (Kenny 2011; Spahn 2015).

Neben diesen Behandlungsverfahren existieren zahlreiche ergänzende Maßnahmen, die auch präventiv eingesetzt werden können (Kenny 2011; Spahn 2015). Im Musikhochschulstudium sind sie an den meisten Hochschulen bereits integraler Bestandteil des Curriculums. Eine exzellente Vorbereitung, das Nutzen von Lern- und kognitiven Strategien, das Erlernen von Entspannungstechniken und Körperwahrnehmungsverfahren, mentale Techniken und Sport gehören dazu.

Ergänzende Maßnahmen zur Therapie und Prävention der Auftrittsangst
- *Exzellente Vorbereitung*
  - *Stücke gut üben*
  - *Überraschungen vermeiden (z.B. Konzertsaal vorher anschauen)*
  - *Bedingungen/Umstände optimieren (z.B. Schlaf, Nahrung, Kleidung)*
- *Lernstrategien*
  - *Routine bekommen/häufige Auftritte*
  - *Körpersprache optimieren*
  - *Selbstkontrolle per Video*
- *Kognitive Strategien*
  - *positive Einstellung zum eigenen Spiel*
  - *konstruktiver Umgang mit Fehlern*
- *Entspannungstechniken*
  - *Autogenes Training*
  - *Progressive Muskelentspannung nach Jacobson*
  - *verschiedene Atemtechniken (z.B. Schlaffhorst-Andersen)*
- *Körperwahrnehmungsverfahren*
  - *Feldenkrais Methode*
  - *Alexandertechnik*
  - *Dispokinese*

- *Mentale Techniken*
  - *mentales Üben (z.B. nach Langenheine oder Mantel)*
  - *mentale Auftrittssimulation*
- *Sport*

Für erkrankte Musiker hat sich eine individuell angepasste Behandlung mit Kombination verschiedener Verfahren und Maßnahmen in interdisziplinären, auf die Behandlung von Musikern spezialisierten musikermedizinischen Zentren als optimal erwiesen.

5.3 Zusammenfassung

Das Hören insbesondere selbst ausgewählter, als angenehm empfundener, linearer Musik kann in der Therapie von Ängsten hilfreich sein. Die Auftrittsangst ist die häufigste Angsterkrankung professioneller Musiker. Sie wird klinisch diagnostiziert, ist differenzialdiagnostisch vom Lampenfieber abzugrenzen und kann multimodal mittels Psychotherapie, Beta-Blockern und ergänzenden Maßnahmen individuell angepasst in spezialisierten musikermedizinischen Zentren behandelt werden.

Literatur

Blumstein DT, Davitian R, Kaye PD (2010) Do film soundtracks contain nonlinear analogues to influence emotion? Biol Lett. 2010 Dec 23;6(6):751–4

Bradt J, Teague A (2018) Music interventions for dental anxiety. Oral Dis. Apr;24(3):300–306

Kenny DT (Hrsg.) (2011) The Psychology of Music Performance Anxiety. Oxford University Press. 47–166, 217–228 und 285–299

Koelsch S, Skouras S, Fritz T, Herrera P, Bonhage C, Küssner MB, Jacobs AM (2013) The roles of superficial amygdala and auditory cortex in music-evoked fear and joy. Neuroimage. Nov 1;81:49–60

Spahn C (2015) Treatment and Prevention of Music Performance Anxiety. Prog Brain Res. 217:129–40

Yerkes RM, Dodson JD (1908) The relation of strength of stimulus to rapidity of habit-formation. Journal of Comparative Neurology and Psychology. 18,459–482

Exkurs: **Lampenfieber**

Georg Enoch Freiherr von und zu Guttenberg

Montag, 24. Oktober 2016, 19:50 Uhr, New York, Carnegie Hall, mein Assistent spuckt mir mit der Bemerkung „das Haus ist ausverkauft" über die Schulter, dann bin ich mit meinem Lampenfieber allein.

Eine ebenso tückische, wie kapriziöse Krankheit ist dieses Fieber. Befällt es dich nicht vor dem Auftritt, quälen dich Entzugserscheinungen, und eine eifersüchtige Routine wird dich im Konzert mürrisch beobachten und alles versuchen, um dich von Inspiration und Liebe freizuhalten.

Packt dich das Fieber, entführt es dich in Träume, meist Albträume der schlimmsten Art. Allerdings, betrittst du später die Bühne, hebt sich meist der dunkle Schleier und du fühlst dich mit den Deinen befreit, entlassen in die Seligkeit musikalischen Gelingens.

Auch heute, besonders heute, in der kargen „Maestro-Suite" des vielleicht bedeutendsten Konzertsaals dieser Welt, kriecht das schlimme Fieber in alle Fasern meiner Existenz. Und, erst recht unter dem strengen Blick des großen Toscanini – das dominante Bild in diesem nüchtern kühlen Kapellmeister-Zimmer – frage ich mich, wie so oft vor einer Aufführung, ob und warum eigentlich gerade ich berechtigt sein soll, mich mit bedeutenden Partituren der Musikgeschichte öffentlich – gerade an solchem Ort – auseinanderzusetzen.

Exkurs: Lampenfieber

Ich lege mich hin. Manchmal verjagt ja Minutenschlaf die defätistischen Gedanken ... es trägt mich fort, weit fort: neunundvierzig Jahre zurück in den Pfarrhof von Neubeuern, ein Dorf im oberbayerischen Inntal.

Ich kann ihn riechen, den dunkel verrauchten Raum. Bierkästen und ein elektrisches Pianino stehen herum und 28 Menschen singen:

„Es werd scho glei dumpa, es werd scho glei Nacht."

Eigentlich hätte ich das Weihnachtslied dirigieren sollen, aber die Neubeurer singen es so innig, so einfach, so hinreißend schön, dass ich Angst habe, auch nur mit einer Bewegung diesen Zauber zu zerstören. Wie die singen, das wird auf keiner Hochschule dieser Welt gelehrt. Und ich fühle mich überflüssig, ein wenig beschämt sogar. Ein Freund und der Pfarrer, zusammen mit dem Bürgermeister von Neubeuern haben mich gefragt, ob ich nicht während meiner Musikstudien in München und Salzburg – Neubeuern läge doch mittendrin – die Leitung der Dorf-Liedertafel übernehmen und – wie man heute sagt – mein Know-how einbringen wolle. Aber was ich da höre, erscheint mir vollendet in seiner Wärme, Schönheit und Liebe, die mich fast körperlich umfängt. Und ich frage mich, ob ein Dirigent überhaupt in solches Singen eingreifen darf, geschweige es herstellen kann. Weiß doch jeder, wie schwer es ist, authentische Volksweisen in Verdi Opern oder Mahler-Symphonien zu zitieren, ohne je selbst in einer Blasmusik gesessen zu haben.

Drei Strophen hat das Lied, sie erzählen von einer anderen Zeit; einer Zeit, in der diese singenden Neubeurer offensichtlich noch eine Heimat haben. Und, als filmte ich selbst diese Szene, kommen diese andere Zeit, kommen Heimat und Leben der Neubeurer wie ein schneller Zoom auf mich zu, werden größer, immer größer, näher, immer näher, noch näher, und ziehen mich, saugen mich an und auf; wollte ich weg, ich könnte es nicht mehr; ich muss bleiben. Aber ich will es auch. Und ich weiß nicht, ob ich träume oder wache. Und plötzlich ist es mir, als hätte ich einen Schatz gefunden, den, nachdem ich mich immer sehnte, von dem ich seit meiner Kinderzeit ahnte, dass es ihn gibt, und den ich so lange verzweifelt gesucht und immer – tief im Innern – vermisst habe.

Diese Menschen sind so anders, als alle, denen ich bisher begegnet bin. Unglaubliche Begabungen, wohin man schaut. Ob sie singen, Blas-

Exkurs: Lampenfieber

musik oder Stubenmusik machen, ob sie schauspielern, zeichnen oder schmieden, es ist immer anders als anderswo, genialisch und selbstverständlich: Ihr „Jedermann" auf dem Marktplatz ist legendär. Die Alten kannten noch Hugo von Hofmannsthal und Richard Strauß, die berühmten Gäste der Gräfin Degenfeld auf dem hohen Schloss über dem Dorf. Sie nehmen mich auf in ihre Familien, nehmen mich mit zu ihren ausgelassen barocken Festen und binden mich ein in ihr braucherfülltes Leben, dessen Rhythmus noch immer aus dem Herzen ihrer Kirche schlägt.

Es werden immer mehr, die mit uns singen wollen. Ganze Familien kommen. Der Pfarrhof ist längst zu klein. Wir ziehen ständig um; und überhaupt wissen wir bald alle nicht mehr wohin mit uns vor lauter Lust an der Musik und unseren Freundschaften, die ehern für das ganze Leben geschlossen sind. Wir sind süchtig, können weder voneinander, noch von der Musik lassen und haben es nicht immer einfach mit denen, die nicht singen im Dorf. Und es wird geredet: Bei der Liedertafel – offiziell heißen wir längst Chorgemeinschaft Neubeuern – ginge es nicht mehr mit rechten Dingen zu: der Sportverein verzweifelt an Fußballern, die plötzlich lieber eine Bach-Passion singen, statt um den Klassenerhalt ihrer Mannschaft zu kämpfen.

Dem Trachtenverein fehlen beim „Heimatabend" wichtige Schuhplattler-Paare, der Chor ist bei Schallplattenaufnahmen mit Mozarts c-Moll-Messe; und der Pfarrer zürnt, weil die Oster-Hochfeiertage ganz ohne musikalische Umrahmung zelebriert werden müssen, die Sänger sind mit dem Guttenberg zwei Wochen zum Konzertieren in Spanien.

Und es stimmt: Es geht zumindest nicht mit normativen Dingen zu. Wir fliegen auf einem Zauberteppich, fliegen immer höher, schwindelnd hoch und landen staunend an den unglaublichsten Orten: im Salle Pleyel, Paris, im Teatro Colon, Buenos Aires, im Concertgebouw Amsterdam, im Wiener Musikverein, in der Berliner Philharmonie, im Gewandhaus, Leipzig, in der Semper-Oper, Dresden, in Peking, Rom, Montreal, London, Seoul, Madrid ... und dort und da und da und dort; und immer mehr und immer andere fliegen mit: das Orchester Philharmonie Paris, die Münchner, die Bamberger Symphoniker, das Bachkollegium, die Berliner Staatskapelle, das eine und das andere Rundfunksymphonie- und

Exkurs: Lampenfieber

Staatsorchester. Es werden immer mehr und mehr, und manchmal wird der Teppich schwer, hat zu viel Last auf einer Seite, und überhaupt – die Luft ist dünn, dort, wo der Teppich mit uns fliegt. Die Höhe nimmt den Atem, oder ist es die Verantwortung um die Musik und um die Vielen, die mit mir fliegen?

Plötzlich schreit einer: Festhalten! Turbulenzen! Und schon springt und bockt der Teppich zum Teufelstanz aus der Geschichte vom Soldaten. Die Geschichte vom Soldaten? Der Strawinsky fliegt ja schon länger mit, von dem haben wir die Psalmensymphonie im Gepäck. Aber die Geschichte vom Soldaten? Ausgerechnet! Hab ich einen falschen Pakt geschlossen? Mit wem? Was, wer reitet mich? Der Chor skandiert, nein brüllt,

„Zu früh gefreut, der Herr Soldat,

und zu spät bereut die Tat:

Viel zu lang war er vereist,

in der Heimat nun ein Geist

und in seinem Dorf erkannten

ihn nicht einmal die Verwandten."

Strawinsky dirigiert mit Feueraugen, der Teppich tobt und ein roter Teufel spielt auf Großmutters Geige. Welcher Großmutter? Der meinen? Haben Teufel Großmütter? Ich habe eine, und die will gut gegeigt haben. Ich kann sie nicht erkennen, nur fühlen, was will sie hier? Sie wollte doch immer nur zum lieben Gott und während der Matthäuspassion zu den letzten Worten Jesu sterben. Dieses Timing ist uns nie gelungen ...

Mir ist schlecht; allen ist schlecht auf dem Teppich, oder sind wir wieder auf dem schrecklichen Luftkissenboot vom Rio de La Plata zwischen Montevideo und Buenos Aires, vor der Johannespassion im Teatro Colon als der Evangelist drei Tüten brauchte und der Jesus zwei, und das Konzert abgesagt werden soll?

Es regnet aus Kannen. Der Wind lässt die Ohren abfrieren und die Kleider kleben nass und kalt am Körper. Keiner weiß, ob wir schwimmen oder fliegen; ob wir stürzen oder steigen. Da schiebt sich ein Luftschiff neben uns. Ganz ruhig, es sieht ganz trocken und warm aus. Es schwebt

Exkurs: Lampenfieber

und schwimmt zu gleicher Zeit im Wasser und in der Luft. Seine Mannschaft hat alle Türen aufgemacht und trägt Blaumänner, auf denen mit gelben Leuchtbuchstaben KV (für KlangVerwaltung) steht; ein musikalischer ADAC. Es werden Enterhaken gelegt, die zwei Konzertmeister mit KV-Schulterklappen entwaffnen den geigenden Teufel und werfen dessen Geige einfach weg, sie haben weiß Gott bessere, sagen Sie und evakuieren uns in ihr Luftschiff, oder ist es nicht doch ein großer starker Dampfer? Egal, Hauptsache er fliegt. Und wie er fliegt! Die Konzertmeister jedenfalls sehen wie Kapitäne aus und haben die schönen, klaren Gesichter meiner besten Freunde.

Wir fühlen uns alle warm und wohl und aufgehoben.

Ich werde über Lautsprecher an Deck gerufen. Ich gehe hinauf, öffne eine schwere Tür: Auf der hellen Bühne sitzen alle Vertrauten und strahlen mich an.

Das Publikum strahlt auch: warm und herzlich, und es ist mir, als schlösse die Carnegie Hall liebevoll uns alle in die Arme ...

6 Angst und Macht

Markos Maragkos

6.1 Einleitung

Ein Beitrag über Angst und Macht in einem psychotherapeutisch-psychiatrischen *Praxisbuch Angst* zu schreiben, ist nicht leicht und für den Autor zudem nicht ohne Risiko. Dieses besteht darin, das Thema aus einem philosophischen oder soziologischen Blickwinkel heraus zu betrachten, schlicht und ergreifend deswegen, weil das auf der Hand liegt – sind doch *Angst* und *Macht* grundsätzliche Themen, die jedem menschlichen Dasein zugrunde liegen. Der Autor muss sich also vorsehen und steht vor der Aufgabe, sich auf denjenigen Blickwinkel zu konzentrieren, der dem Ansinnen des Buches zugrunde liegt.

Es existiert jedoch noch eine weitere Aufgabe, der sich der Autor stellen muss: Dieses Buch soll, wie bereits erwähnt, ein *Praxisbuch* sein. Unabhängig von seiner Provenienz soll der lesende Behandler nach dessen Lektüre in praktischer Hinsicht mehr wissen als vorher oder, anders formuliert, zumindest eine Idee (mehr) haben, was er im direkten Kontakt mit seinem Patienten konkret tun kann, um diesem (noch effektiver) helfen zu können. Welche praktischen und handlungsleitenden Informationen sollen sich also für den Behandler aus einem Buchkapitel mit dem Titel *Angst und Macht* ableiten lassen?

Der Fundus an Lesbarem ist reich, wenn man die beiden Themen separat in den gängigen Literaturdatenbanken sucht. Zudem führt er zu überraschenden Ergebnissen, deren ausführliche Darstellung den Rahmen dieses Kapitels leider sprengen würde.

Greift man den philosophisch-soziologischen Blickwinkel kurz auf (s. Anter 2017 für einen sehr guten einführenden Überblick), zeigt sich bzgl. des Themas *Macht*, dass sich die entsprechenden Theorien „[...] wie ein roter Faden durch die Geschichte des politischen Denkens von der griechischen Antike bis ins digitale Zeitalter [...]" (Anter 2017, 133) durchziehen, wobei sich zwei Schwerpunkte herausarbeiten lassen: Einmal die Frage, welche Formen von Macht sich unterscheiden lassen und einmal die nach der Unterscheidung zwischen Macht und Gewalt. Es finden sich zahlreiche Konzepte, die sich angefangen bei der Definition bis hin zur Frage, ob sich Konzepte der Macht handlungstheoretisch (bspw. bei Max Weber[1]; s. Weber 1956), bzw. als Phänomen mit einem „potentiellen Charakter" (bspw. bei Hannah Arendt; s. Arendt 2000) oder gar als „symbolisch generalisiertes Kommunikationsmedium" (bspw. bei Niklas Luhmann; s. Luhmann 1987, 118) teils überschneiden, teils diametral gegenüberstehen. Was sie jedoch eint ist, dass für sie alle „[...] Macht ein unausweichliches, konstantes Element menschlichen Handelns und menschlicher Beziehungen [...]" (Anter 2017, 134) ist. Nach Auffassung des Autors steht Niklas Luhmanns Konzept zur Macht am nächsten zur Psychologie, denn er greift in seiner Theorie explizit auf selbige zurück und geht davon aus, dass Macht „[...] immer dann und nur dann gegeben [ist], wenn die Beteiligten ihr Verhalten durch Bezug auf ein entsprechendes Kommunikationsmedium definieren." (Luhmann 1987, 118).

Diesen Reichtum an Theorien sucht man in der Psychologie vergebens, denn nicht jede Therapieschule hat sich in gleicher Weise mit der Thematik beschäftigt. Am ehesten wird man bei der Psychoanalyse fündig, die sich jedoch sehr schwer[2] damit getan und ihr Problem mit dem Begriff *Macht* dadurch gelöst hat, indem sie ihren prominentesten Vertreter

---

[1] Auf Max Weber geht auch die am häufigsten zitierte (aber auch kritisch diskutierte) Definition von Macht, nämlich „[...] jede Chance, innerhalb einer sozialen Beziehung den eigenen Willen auch gegen Widerstreben durchsetzen, gleichviel worauf diese Chance beruht" zurück (Weber 1956, 38).

[2] „Die Psychoanalyse tut sich schwer mit der Macht." (Bruder 2005, 27)

6.1 Einleitung

(Alfred Adler) ausgeschlossen hat (s. Bruder 2005; Person 2000/2001; s.a. Mohr 1988; Adler 1919), bzw. (politische) Macht in Bezug zum Narzissmus (Wirth 2015) oder zur Ohnmacht (Springer et al. 2005) oder zur Abhängigkeit (Buchheim u. Cierpka 2000) betrachtet, um nur einige zu nennen. Es ist weiter noch die Systemische Therapie aufzuführen, die den Aspekt der Macht aus unterschiedlichen Perspektiven beleuchtet und somit unterschiedliche Schwerpunkte setzt (bspw. Gerechtigkeit, Fairness, Wert bei Boszormenyi-Nagy u. Spark 1981), bzw. Macht im Gegensatz zu Ohnmacht (Kummer 1988) oder Angst-Macht-Konstellationen im Rahmen des Konzeptes der Kollusion (Willi 2012; s. Lieb 2014 für einen Überblick) betrachtet.

In Bezug auf den Themenkomplex Angst ist die wissenschaftliche Literatur (unabhängig von einem philosophischen, soziologischen oder psychologischen Blickwinkel) nicht mehr zu zählen, insbesondere wenn es um die psychiatrisch-psychotherapeutische Behandlung von Angsterkrankungen geht. Problematisch wird es aber auch hier insbesondere dann, wenn explizit nach der Kombination von Angst *und* Macht gesucht wird, denn diese scheint sich nicht niedergeschlagen zu haben. Diesem Kapitel liegt die Auffassung zugrunde, dass Furcht sich auf evolutionsbiologisch relevante, umschriebene Stimuli bezieht, während Angst einen primär psychologischen Charakter hat.

Sollen die oben genannten Risiken umgangen und die erwünschten Ziele für dieses Kapitel erreicht werden, dann ist der Autor – so die Quintessenz des bisher Geschriebenen – gefordert, selbst den Rahmen zu setzen. Dieser soll aus drei Perspektiven bestehen, vor denen die Konstrukte Angst und Macht im Folgenden beleuchtet werden und zwar aus der Perspektive

- des Patienten,
- des Therapeuten und schlussendlich
- des Systems.

Angst und Macht sind nicht nur in einer, sondern in mehreren Dynamiken miteinander verstrickt. Um den Rahmen des Kapitels nicht zu sprengen, kann jeweils nur eine Auswahl beschrieben werden.

Gleichwohl liegt in einem solchen Kapitel ein Potenzial inne, denn es ist eine wunderbare Chance und Möglichkeit, den Leser einzuladen, sich fundamentale Gedanken über die Hintergründe der zu behandelnden Symptomatik beim jeweiligen Patienten zu machen, diese konzeptuell und in ihrer Handlungskonsequenz zu beleuchten und nicht allein auf die möglichst mitdenkfreie, manualisierte Darstellung von Therapieschritten zu setzen. Gerade in einer Zeit, die immer schneller, immer binärer, immer technischer wird und vor allem immer mehr auf Effizienz setzt, soll dieses Kapitel ein Zeichen dafür sein, dass es bei der Behandlung von Menschen mit einer psychischen Störung eben nicht allein um das schnelle, im besten Falle erfolgreiche, Ergebnis geht.

6.2 Angst und Macht aus der Perspektive des Patienten

6.2.1 Angst und Macht: Zurückerobern im Inneren und Äußeren

Eine psychische Störung, in der Angst keine Rolle spielt, wird man vergeblich suchen. Sie wird mehr oder weniger prominent sein und das Störungsbild mehr oder weniger bestimmen, aber doch stets zugegen sein. Bei Angststörungen wird sie – selbstredend – den Kern der Beschwerden bilden. Im Regelfall haben Patienten mit einer Angststörung den Wunsch, möglichst bald keine Angst mehr empfinden zu müssen. Der Betroffene reagiert in bestimmten Situationen und/oder bei Konfrontation mit bestimmten Stimuli mit einer sehr starken, nicht mehr dem normalen Ausmaß und der Situation entsprechenden Angst, sodass er stets bestrebt ist, diese Situationen bzw. Stimuli zu vermeiden.

Entsprechend seiner indogermanischen Wurzel (*angh*) engt Angst ein. Sie bemächtigt sich des inneren und äußeren Territoriums des Patienten. Äußerlich engt sie seinen Bewegungs-, innerlich seinen Erlebnisspielraum ein. Angst macht ihn buchstäblich *ohn-mächtig*, entzieht ihm die Macht, entsprechend empfindet er das, wovor er Angst hat, wie auch die Angst selbst, als mächtiger. Jedoch ist es weniger so, als ob er ständig an das Angstmachende denkt, vielmehr ist er damit beschäftigt, wie er dem entgehen, (im verhaltenstherapeutischen Sinne) es vermeiden kann.

6.2 Angst und Macht aus der Perspektive des Patienten

Von einer abstrakten Ebene aus betrachtet, ist es nicht unrichtig zu formulieren, dass das Therapieziel darin liegt, das vor der Therapie vorherrschende Machtverhältnis in Bezug auf die Angst(symptomatik) zu relativieren. „Relativieren" ist als Wort bewusst gewählt, denn das Ziel kann nicht sein (wenn auch einige Patienten das zu Beginn äußern), zu Therapieende keine Angst mehr zu haben; gleichsam die eigene Angst zu entmachten. Vielmehr geht es darum, die absolute Macht der Angst(symptomatik) in bestimmten Situationen zu beenden und der Angst, die Macht zu geben, die ihr eigentlich gebührt, nämlich uns vor bestimmten Situationen im Vorhinein zu warnen. Das Antizipatorische von funktionaler Angst gilt es im psychischen System des Patienten wieder zu implementieren. In diesem Sinne ist das Ziel einer Therapie, sich als Patient weniger ohnmächtig gegenüber der Angstsymptomatik zu erleben, anders formuliert: mehr Macht oder Kontrolle über die Angstsymptomatik zu bekommen; wieder anders formuliert: die oben erwähnte Enge zu erweitern, äußeres und inneres (psychisches) Territorium wieder zurück zu erobern.

6.2.2 Angst und Macht: Adaptive und maladaptive Verhaltensvorlagen

Wir als Psychotherapeuten dürfen nicht vergessen, dass der Patient nicht nur viele maladaptive Verhaltensvorlagen hat, die letztlich die Symptomatik ausformen und in einem sich selbst verstärkenden Prozess diese auch aufrechterhalten, sondern auch, dass es ihm an adaptiven fehlt. Ein impliziter Kernsatz der Lerntheorie besagt: „Alles, was der Mensch wiederholt tut, übt er." Symptomorientiertes Verhalten, welches ggf. schon seit Jahren gezeigt wird, ist – auch wenn es zu leidvollen Konsequenzen geführt hat – eingeübt und hat dadurch zu „stabilen" Verhaltensvorlagen geführt. Verhaltensvorlagen für adaptives Verhalten fehlen jedoch und müssen mit Unterstützung des Therapeuten aufgebaut und eingeübt werden.

Es geht also nicht allein darum, symptomatisches Verhalten abzubauen, sondern auch adaptives Verhalten aufzubauen, dessen Mangel sich oft erst dann zeigt, wenn das Vermeidungsverhalten des Patienten weniger geworden ist, weswegen der alte Leitsatz der Psychotherapie nicht vergessen werden darf, nämlich einem Patienten niemals ein Verhalten zu nehmen, wenn man ihm dafür keine Alternative geben kann. Anders formuliert: Unter der Decke der Symptomatik findet sich nicht automatisch gesundes Verhalten, sondern erstmal häufig schlicht und ergreifend: nichts.

Was bedeutet das vor dem Hintergrund des hier interessierenden Themas? Die Verhaltensvorlagen des Patienten in Bezug auf Angst und Macht sind maladaptiv. So kann ein Angstpatient über ein breites Repertoire an Verhaltensweisen verfügen, wie eine Angstsituation zu vermeiden ist und dadurch zumindest kurzfristig die Macht der Angst über ihn sich selbst relativieren. In der Biografie von Patienten mit bspw. Sozialer Phobie finden sich entsprechend wiederholt gemachte Erfahrungen, wie ein Rückzug in die Angst und aus der sozialen Situation, die schließlich „Macht" über selbige verleiht. Das ist dann der Fall, wenn ein Kind durch diese Strategie einer körperlichen Bestrafung aus dem Weg gegangen ist oder diese im Ausmaß deutlich hat reduzieren können. Die Macht des gewalttätigen Elternteils wird über die Angst des Kindes gleichsam anerkannt und dadurch bestätigt. Gleichzeitig wird in solchen Situationen unbewusst gelernt, welches machtvolle, weil beziehungsregulierende, Instrument Angst sein kann.

So sehr solche Angst-Macht-Muster in der konkreten biografischen Situation auch „sinnvoll" sein können und das psychische und körperliche Überleben sichern, so sehr sind sie unbrauchbar und dysfunktional, wenn sie – mangels Alternativen – unüberprüft in das Leben als Erwachsener, Jahre oder gar Jahrzehnte später, implementiert werden. Um das eben gewählte Beispiel fortzuführen: Sozialphobische Patienten, die das o.g. Angst-Macht-Thema internalisiert haben, haben entsprechend eine gut eingeübte Verhaltensvorlage für Scheitern (im weitesten Sinne) und keine oder keine gute für das Erfolgreichsein. Folglich lassen sich oft gut eingeübte Verhaltensmuster finden, wie Situationen, die die eigene Macht (i.S. von Fähigkeiten; bspw. lobenswerte Arbeitsergebnisse) deutlich machen, external attribuiert werden (es war ein leichtes Thema; die Aufgabe könnte jeder schaffen, etc.). Verhaltensvorlagen in die andere Richtung fehlen jedoch und müssen erst in der Therapie aufgebaut werden. Dies gilt – neben der Sozialen Phobie – auch für die anderen Angststörungen.

6.2.3 Angst und Macht: Identitätsstiftende Funktion für das Selbst des Patienten

Besonders bei chronifizierten Angsterkrankungen sind wir als Therapeuten mit dem Umstand konfrontiert, dass der Patient sich gegen eine Besserung seiner Symptomatik (i.E. Reduktion der Angst) „wehrt". Dieser als „Widerstand" titulierte Prozess wird von unterschiedlichen Therapieschulen verschieden beleuchtet und bewertet, birgt aber als gemeinsames Resultat die Gefahr in sich, dass die Therapie ins Stocken gerät, insbesondere dann, wenn der Therapeut diesen nicht in seiner Funktionalität betrachten kann, sondern als mangelnde Motivation missdeutet („Wenn er wirklich wollen würde, würde er ja mitarbeiten ...!").

Wie jede andere Symptomatik auch kann Angst beim Patienten eine identitätsstiftende Funktion übernehmen und ihm dadurch (wieder) Macht geben. Ein Mensch, der im Extremfall seit Jahren mit pathologischen Ängsten zu kämpfen und dadurch massive Einschränkungen und Enttäuschungen erlebt hat, muss zwangsläufig auch unter seiner Ohn-Macht leiden und versuchen, einen Weg aus dieser Problematik heraus zu finden. Eine Möglichkeit ergibt sich dann, wenn „aus der Not eine Tugend" gemacht wird: die Identifikation mit der Problematik, die man nicht bewältigen kann. Die Angst bekommt somit identitätsstiftende Funktion für das Selbst des Patienten und dieser dadurch wieder eine gewisse Macht.

Für die therapeutische Situation ist diese Konstellation oft nicht einfach zu lösen, denn indem wir an der Symptomatik arbeiten und diese reduzieren möchten, arbeiten wir gleichzeitig an der Identität des Patienten und – ohne dass wir dies beabsichtigen – an deren „Reduktion". Wenn Angst Teil meiner Identität geworden ist und ich darüber Macht erhalte, wie soll ich dann diese reduzieren, ohne dass ich gleichzeitig meine Identität „reduziere" und dadurch Macht verliere? Anders formuliert: Wer bin ich (woher beziehe ich meine Macht), wenn ich keine Angst mehr habe?

Ohne die Bereitschaft des Patienten, sich über diesen Punkt hinaus helfen zu lassen, wird ein Fortschritt in der Therapie sehr schwer. Es gilt, erst einmal beim Patienten eine Sensibilität für diesen Punkt zu entwickeln und dabei so vorsichtig vorzugehen, dass seine Abwehr nicht allzu stark aktiviert wird.

6.3 Angst und Macht aus der Perspektive des Therapeuten

Angst und Macht aus der Perspektive des Therapeuten zu betrachten, verlangt ein gewisses Umdenken. Auch wenn es einige Therapeuten nicht gern hören: Ohne „Macht" in der therapeutischen Situation ist eine gute und erfolgreiche Therapie nicht möglich. Durch das Lesen des Kapitels müssten wir alle mittlerweile sensibilisiert sein, sodass wir nicht in die Falle tappen, den Begriff „Macht" im weitesten Sinne negativ zu verstehen, sondern vielmehr als strukturierendes Prinzip. Auch wenn wir von motivorientierter Beziehungsgestaltung (Sachse 2017) sprechen, wodurch der Eindruck entsteht, zwischen Therapeut und Patient bestehe keine Hierarchie, so ist es doch wichtig, diese Hierarchie als notwendiges strukturierendes Element für die konkrete therapeutische Situation anzuerkennen.

Es handelt sich dabei natürlich nicht um eine Macht über den Patienten als Menschen, sondern vielmehr um eine *Wissens-Macht*. Ähnlich wie bei einem Arzt, zu dem man geht, weil er mehr über die Beschwerden und deren Behandlung weiß als man selbst, geht man auch zu einem Therapeuten, weil auch dieser über Fachwissen verfügt. Die Studienlage zeigt, dass wirksame Interventionen auf einer guten Beziehung fußen müssen und dass diese maßgeblich bestimmt, wie die Intervention (sei sie medikamentös oder psychotherapeutisch) wirkt. Anders formuliert: Der Psychotherapeut benötigt Macht (auf diese Weise verstanden), um gut intervenieren zu können und der Patient gibt ihm diese und zwar durch seine Compliance, d.h. durch seine Bereitschaft dem zu folgen, was der Psychotherapeut vorschlägt.

An diesem Punkt findet sich auch die Macht des Patienten, denn was kann der Behandler mit seiner Macht bewirken, wenn der Patient sich der Intervention verweigert? Von einer psychoanalytischen Perspektive wird dieser Punkt ganz eindrücklich von Thomä und Kächele (1996, 292) beschrieben:

6.3 Angst und Macht aus der Perspektive des Therapeuten

> „Der Analytiker ist mit seinem Latein am Ende und schachmatt gesetzt. Dass wir darin einen tieferen Sinn finden, ändert nichts an der Tatsache selbst. Diese ist anzuerkennen, um dem Patienten begreiflich zu machen, welche Macht er hat und wie sehr der Analytiker von ihm abhängig ist. Wie groß auch immer die Ungleichheiten in der Verteilung von Macht und Abhängigkeit sein mögen, sie werden geringer und auf ein erträgliches Maß gebracht, wenn Patienten bei solchen und anderen Gelegenheiten realisieren, wie sehr der Analytiker auf sie angewiesen ist. Nicht selten markieren solche Erfahrungen therapeutische Wendepunkte."

Ganz eindrücklich wird hier also dargestellt, dass die den Therapieprozess behindernde Macht des Patienten relativiert wird, indem der Therapeut sie gegenüber dem Patienten als solche anerkennt, woraufhin sich der Patient ihr gegenüber bewusst werden kann und sie dadurch gleichsam entschärft. Dies erinnert an eine gestalttherapeutische Grundhaltung im therapeutischen Prozess, nach der das Ansprechen eines Themas dieses sofort verändert (in welche Richtung auch immer; s.a. Maragkos 2016).

Gleichzeitig ist es aber so – dies ist aus der supervisorischen Praxis bekannt –, dass viele Patienten, zusammen oder unabhängig mit ihrer Symptomatik dem Psychotherapeuten Angst machen. Manchmal ist es die Störung, bspw. komplexe Traumatisierungen, dissoziative Störungen, schwere Persönlichkeitsstörungen und manchmal ist es der Patient mit seiner spezifischen Persönlichkeitsstruktur (bspw. sehr aggressive, narzisstische oder psychopathische Patienten), wobei beim aufmerksamen Leser sofort die Frage aufkommen wird, wo genau der Unterschied sein soll. Angst vor dem Symptom und/oder der Persönlichkeitsstruktur des Patienten sind oft die Ursache für nicht begonnene psychotherapeutische Behandlungen bzw. entsprechende Schwierigkeiten im psychotherapeutischen Verlauf.

Der Therapeut kann durch diese Angst ent-machtet werden. Vielleicht geschieht dies ebenfalls durch Angst, bestimmte Interventionen zu setzen oder sich nicht zu trauen, überhaupt zu intervenieren, um dadurch den Patienten und seine Symptomatik nicht „herauszufordern". Diese Art von Angst beim Therapeuten macht es unmöglich, eine Veränderung in Richtung Abbau des Problemverhaltens zu erzielen. Zugleich bestätigt sie den Patienten für seinen Modus: er ist so mächtig, dass selbst der Therapeut nichts tun kann ...

6.4 Angst und Macht aus der Perspektive des Systems

Angst und Macht aus systemischer Perspektive zu betrachten, gibt sehr viele Freiheitsgrade, deren Zusammenspiel zu verstehen. Dies ist aus Sicht des Autors – unabhängig von der Therapieschule, der sich der Therapeut verpflichtet fühlt – obligatorisch. Zudem gibt die systemische Perspektive einen Informationszugewinn, eine Erweiterung des Verständnisses und weitere Handlungsmöglichkeiten für Therapeut und Patient.

Psychische Prozesse erzeugen, systemisch betrachtet, primär Sinn (s.a. Lieb 2014). Welche Art von Sinn kann also Angst und Macht, systemisch betrachtet, ergeben?

Von außen betrachtet ist der Angst-Patient in seinem System der Ohnmächtigste, schließlich hat er die Angst und somit muss man sich um ihn kümmern. Die System-Mitglieder, welche dieses Kümmern zeigen, sind scheinbar „mächtig(er)", geht es doch dem Patienten dadurch besser.

Jeder Therapeut, der eine gewisse (systemische) Expertise in der Behandlung von (bspw.) Angststörungen entwickelt hat, wird gegen diese Darstellung sofort vehement Einspruch erheben, denn die therapeutische Erfahrung zeigt, dass genau das Gegenteil der Fall ist: Im System ist der Angst-Patient der mächtigste Akteur und die System-Mitglieder, die mehr oder weniger eingeladen sind, einen Weg zu finden, mit dieser Angst umzugehen, sind weitestgehend ohnmächtig. Ein kleines Fallbeispiel soll das illustrieren: Patienten, die unter einer Generalisierten Angststörung leiden, machen sich permanent unnötige Angst und Sorgen um sehr viele Aspekte des privaten und beruflichen Alltags, sowohl von sich als auch von ihren Angehörigen. Diese Sorgen sind in der Regel der Realsituation nicht angemessen. Bspw. beziehen sich die Sorgen darauf, dass den Kindern auf dem Weg zur Schule etwas Schlimmes passieren könnte, dass dem Partner in der Arbeit oder auf dem Wege dahin oder zurück etwas Schlimmes passieren könnte, etc. Entsprechend hel-

6.4 Angst und Macht aus der Perspektive des Systems

fen sich die Patienten dadurch, dass sie die Familienmitglieder auffordern, ihnen regelmäßig einen „Statusbericht" zukommen zu lassen und rufen diese unmittelbar nach einer kurzen unerwarteten Situation (bspw. einer Verspätung) an. Die System-Mitglieder ihrerseits versuchen (zumindest zu Beginn der Symptomatik), dem Kontrollwunsch des Patienten zu entsprechen und „spielen mit", sie geben also bereitwillig Informationen über den Tagesablauf, oder einen Zwischenstand darüber, wo man sich gerade diesem befindet, bzw. Informationen über mögliche Planänderung und unerwartete Verläufe heraus.

Wer kontrolliert hier wen? Wer hat Angst und wer hat Macht? Systemisch betrachtet, ist es der Patient, der das größte Ausmaß an Macht hat. Kurioserweise entwickelt er diese Macht vermittelt über seine Angst; sie ist es, die ihm die Macht gibt, die er sonst nicht hätte. Gleichzeitig macht diese angstbedingte Macht des Patienten die übrigen System-Mitglieder ohnmächtig und verleitet sie dazu, reaktives Verhalten an den Tag zu legen, welches die Angst des Patienten möglichst nicht aufkommen oder reduzieren soll.

Dieser Machtgewinn, vermittelt über Angst, kann aber auch eine weitere Funktion haben: Er kaschiert die Angst des Patienten, die damit assoziiert ist, zuzugeben, dass er Kontrolle haben möchte. Hätte er kein Angstsymptom, wäre er möglicherweise „gezwungen", sich zu rechtfertigen, warum er alles und jeden in seinem Bezugssystem kontrollieren möchte. So lange er aber diese Angst hat, muss er sich dieser Verantwortung nicht stellen: Er kann sein Kontrollbedürfnis hinter seiner Angst verstecken und damit argumentieren, dass es seine Angst ist, die ihn dazu verleitet, so zu handeln.

Die Angst lässt somit nicht nur die Macht des Patienten über das System entstehen, sondern beschützt ihn und seinen „Macht-Status" auch; denn wie könnte man jemanden, der Angst hat, herausfordern? Der Patient bekommt so viel angstbedingte Macht und Aufmerksamkeit, dass gefährliche und systembedrohende Konfliktthemen nicht angesprochen werden „dürfen". Auf diese Art und Weise gibt die Angst dem Patienten auch Macht über die Zeit, denn durch diese Angst kann sich im System nichts verändern: Das Kind bleibt Kind und wird nicht Erwachsener; die Beziehung bleibt und wird nicht getrennt (besser: darf nicht getrennt werden). Systemisch betrachtet, entstehen dadurch Kollusionen (s.a. Kreische 2004; Willi 2012).

6.5 Abzuleitende handlungsleitende Heuristiken in Form von Fragen

Wie in der Einleitung bereits angedeutet, sollen im letzten Abschnitt dieses Kapitels mögliche konkrete handlungsleitende Heuristiken für den Behandler abgeleitet werden. Um den praktischen Bezug zu gewährleisten, wird dies in Form von Fragen dargestellt, die sich der Behandler selbst oder (wenn er dies für möglich und indiziert hält) seinem Patienten stellen kann.

- Welche Rolle spielen Angst und Macht in der Symptomgenese und -aufrechterhaltung beim konkreten Patienten?
- Ist es – unabhängig von der eigenen Zugehörigkeit zu einer Therapieschule – im vorliegenden Fall von Nutzen, die Konzepte Angst und Macht zum Thema des psychotherapeutischen Prozesses zu machen? Wenn ja, dann mit welcher Intension/welchem Ziel, zu welchem Zeitpunkt und mit welchen Methoden?
- Welche Art von Macht kann der Patient über seine Angst(symptomatik) in den Systemen, in denen er lebt, (intendiert oder nicht) konkret ausüben?
- Hat der Patient ein Konzept über die „Macht seiner Angst" in seinem System?
- Wie kann das Gleichgewicht zwischen Angst und Macht wiederhergestellt und (durch die Macht der Angst) verlorenes äußeres und inneres (psychisches) Territorium wieder zurückerobert werden?
- Welche maladaptiven Verhaltensvorlagen lassen sich beim Patienten finden und welche adaptiven Verhaltensvorlagen können aufgebaut werden?
- Hat die Angstsymptomatik beim Patienten eine identitätsstiftende Funktion bekommen?
- Macht der Patient von seiner Möglichkeit Gebrauch, seinem Therapeuten, die „Macht" zu geben, die er braucht, um wirksam arbeiten zu können?

6.6 Fazit

Da zu Beginn dieses Kapitels die Philosophie und Soziologie ausgeschlossen wurden, sei es – gleichsam als Zeichen der Wiedergutmachung – nun am Ende erlaubt, mit einem Epilog zu schließen, der diese beiden Wissenschaften wieder integriert.

Dieses Buch ist in einer Zeit geboren, in der die Begriffe Angst und Macht eine besonders konkrete Rolle spielen. Sie sind und bleiben weiterhin Konstrukte, doch im heutigen Hier und Jetzt dürfen bzw. müssen wir sie in ihrer realen Potenzialität, quasi als Gewalten, erleben. Bürger ganzer Länder haben mittels ihrer Macht als Wähler Menschen zu Regenten gemacht, die sich so verhalten, dass die Bürger, die sie nicht gewählt haben und solche anderer Staaten, Angst bekommen, was diese Regenten mit ihrer Macht nun anstellen werden. Nicht zuletzt angstmotiviert und aus einem Bestreben heraus, Machtverhältnisse nicht aus einem monströsen Gleichgewicht gleiten zu lassen, haben Menschen ihr kreatives Potenzial dazu verwendet, angstmachende, weil todbringende, Waffen zu entwickeln. Auf keinen Fall darf es dazu kommen, dass der Andere merkt, wie stark meine Angst vor ihm ist. Ich muss dafür sorgen, so viel Macht anzusammeln, dass er sich vor mir mindestens genauso ängstigt, wie ich vor ihm.

Ein Gedankenexperiment sei erlaubt: Spiegelt sich die eben aufgezeigte, leider pessimistische, aber nicht wirklichkeitsfremde, gesellschaftliche, weltpolitische Makro-Perspektive nicht auch im sogenannten „Kleinen" wider? Das für dieses Kapitel interessierende „Kleine" ist die Therapiesituation. Gibt es nicht auch hier Bezugspersonen, die ihre eigenen biografisch bedingten Ängste dadurch zu regulieren versuchen, dass sie ihren Kindern (unseren Patienten) Angst machen, um den Eindruck der Macht weiterhin aufrechtzuerhalten? Haben wir nicht Patienten zu begleiten, die intendiert, aber nicht wirklich bewusst, ihre Macht zurückhalten, um Bezugspersonen oder Partner zu schonen? Versuchen sie dadurch nicht auch ein monströses Gleichgewicht aufrechtzuerhalten?

Dies, um nur einige – zugegebenermaßen sehr plakative – kleine Beispiele zu nennen und um aufzuzeigen, dass sich das Große stets im Kleinen

und das Kleine stets im Großen widerspiegeln muss. Angst und Macht scheinen in mehreren Dialektiken miteinander verstrickt zu sein:
- Macht macht Angst.
- Angst gibt Macht.
- Angst vor der Macht.
- Macht über die Angst.

Vielleicht würde es helfen, wenn wir (im „Kleinen") anfangen, unsere Angst, die wir erleben, und die Angst, die wir erzeugen; die Macht, die wir erleben, und die Macht, die wir ausüben, aktiv mit Leben zu füllen und sie nicht nur passiv zu erleiden oder passiv auszuüben. Wie das genau geht, ist der Verantwortung des Einzelnen überlassen ...

> An dieser Stelle sei sehr herzlich Herrn Prof. em. Dr. Wolfgang Mertens, Prof. Dr. Susanne Hörz-Sagstetter und Frau Dr. Astrid Dobmeier für ihre Unterstützung bei der Konzeption dieses Beitrages gedankt.

Literatur

Adler A (1919) Die andere Seite. Eine massenpsychologische Studie über die Schuld des Volkes. Faksimile aus dem Jahr 1994, Bruder-Bezzel A (Hrsg.), Wien

Anter A (2017) Theorien der Macht. Zur Einführung. 3. Aufl., Junius, Hamburg

Arendt H (2000) Elemente und Ursprünge totaler Herrschaft. 7. Aufl., Piper, München

Boszormenyi-Nagy I, Spark GM (1981) Unsichtbare Bindungen. Die Dynamik familiärer Systeme. Klett-Cotta, Stuttgart

Bruder KJ (2005) Annäherungen an einen psychoanalytischen Begriff von Macht. In: Springer A, Gerlach A, Schlösser AM (Hrsg.) Macht und Ohnmacht. Psychosozial-Verlag, Gießen, 27–46

Buchheim P, Cierpka M (2000) Macht und Abhängigkeit. Landauer Texte. Springer, Berlin

Kreische R (2004) Die phobische Kollusion. Familiendynamik 29, 4–21

Kummer IE (1988) Macht und Ohnmacht in der Familie. In: Mohr F (Hrsg.) Macht und Ohnmacht. Bd. 10. Ernst Reinhardt, München, 88–105

Lieb H (2014) Störungsspezifische Systemtherapie. Konzepte und Behandlung. Carl-Auer Verlag, Heidelberg

Luhmann N (1987) Soziologische Aufklärung 4. Beiträge zur funktionalen Differenzierung der Gesellschaft. Westdeutscher Verlag, Opladen

Maragkos M (2016) Gestalttherapie. Kohlhammer, Stuttgart

Mohr F (1988) Macht und Ohnmacht. Beiträge zur Individualpsychologie, Bd. 10. Ernst Reinhardt Verlag, München

Person ES (2000/2001) Über das Versäumnis, das Machtkonzept in die Theorie zu integrieren. In: Schlösser AM, Höhfeld K (Hrsg.) Psychoanalyse als Beruf. Psychosozial-Verlag, Gießen, 73–98

6.6 Fazit

Sachse R (2017) Therapeutische Informationsverarbeitung. Hogrefe, Göttingen
Springer A, Gerlach A, Schlösser AM (2005) Macht und Ohnmacht. Psychosozial-Verlag, Gießen
Thomä H, Kächele H (1996) Lehrbuch der psychoanalytischen Therapie. Band 1: Grundlagen. 2. Aufl., Springer, Berlin
Weber M (1956) Wirtschaft und Gesellschaft. Grundriss der verstehenden Soziologie. Kiepenheuer & Witsch, Köln/Berlin
Willi J (2012) Die Zweierbeziehung. Das unbewusste Zusammenspiel von Partnern als Kollusion. Rowohlt, Reinbek
Wirth HJ (2015) Narzissmus und Macht. Zur Psychoanalyse seelischer Störungen in der Politik. 5. Aufl., Psychosozial-Verlag, Gießen

7 Angst im Film

Julia Barbara Köhne

7.1 Medialisierungen der Angst

Das Medium Film ist seit seiner Erfindung auf verschiedenen Ebenen mit dem Topos Angst verknüpft, da es – verglichen mit anderen akustischen und visuellen Medien oder mit Schriftmedien – in besonderer Weise dazu geeignet ist, Angst und Furcht, Horror und Schrecken künstlerisch zum Ausdruck zu bringen und für die Zuschauenden intensiv nachempfindbar zu machen. Im Mittelpunkt zahlreicher audiovisueller populärkultureller Artefakte steht daher, diverse ‚Spielformen der Angst' (Koch 2013) und ein breites Spektrum affektiver Angstreaktionen darzustellen oder zu erzeugen. Die internationale Spielfilmkultur präsentiert seit Ende des 19. Jahrhunderts vielfältige Stoffe und ästhetische Mittel, mithilfe derer individuelle und kollektive Angstszenarien repräsentiert, kommentiert oder beim Publikum in Erinnerung gerufen werden sollen. Neben der Filmästhetik wird dies durch Dramaturgie, Narration und Plotentwicklung sowie die jeweilige Figurenkonstellation, aber auch auf der Ebene von Schnitt und Montage, Akustik und Musikuntermalung oder aber durch Schauspiel, Mimik, Gestik und Maske, erzielt. Für die Dauer des Filmscreenings und oftmals darüber hinaus wird durch die filmische Orchestrierung dieser Komponenten aufseiten der Rezipierenden ein Gefühl von Angst hervorgerufen, was neben Verstörung durchaus auch lustvolle und selbstversichernde Effekte mit sich bringen kann. Insgesamt kennt das Filmische zahlreiche Strategien, um realitätsbasierte Angstordnungen auf symbolischer Ebene zu verhandeln; Angstwissen wird hier auf multiple Weise dynamisiert, rekombiniert und transformiert. Dabei erweist sich der Film als elaboriertes und phantasievolles Instrument, um Verbindungswege oder „Passagen" (Michel Serres) zwischen der Realität und der fiktiven Sphäre herzustellen. Insgesamt werden drei Elemente miteinander verschaltet: erstens reale individuelle und/oder kollektive Angsterfahrungen, die beim Übertrag ins filmische Medium immer schon in mediatisierter Form vorliegen, zweitens außerfilmisches Wissen über Angst, wissenschaftlich-theoretische, klinische oder kulturelle Angstdiskurse, und drittens deren fiktionale Repräsentationen in Spielfilmen. Letztere dienen in Bezug auf unterschiedliche Zeitphasen der Geschichtsschreibung nicht nur als Speicher und Archive verschiedensten Angsterlebens, sondern können als multifunktionale Reflektoren und Transformatoren der zitierten Angstdiskurse aufgefasst werden.

Um die Potenz des Films vorzuführen, als reflexive Angstmaschine zu fungieren, die Angst darstellt, kommuniziert, erzeugt oder zu deren Bewältigung beiträgt, werden aus dem reichhaltigen Pool möglicher Filmproduktionen des späten 19. bis frühen 21. Jahrhunderts, die sich dem Topos Angst widmen, im Weiteren zwei Filmgenres ausgewählt und skizziert, die als besonders aussagekräftige Reflektoren des Wissensfeldes Angst angesehen werden können. Die Genres Science-Fiction-Film und Horrorfilm enthalten eine auffällig große Bandbreite relevanter epistemologischer Angstkonzeptionen und repräsentationaler Angsttechnologien. Um einen punktuellen Einblick in deren filmische Angstphänomenologie zu geben, erfolgen Skizzen zu einigen ausgesuchten Science-Fiction-Filmen und Horrorfilmen der 1960er- und 1970er-Jahre. Gefragt wird danach, wie im jeweiligen Beispiel Angst cineastisch ausgestaltet und gegebenenfalls imaginativ überwunden wird („Resilienz", „posttraumatic growth"). Denn Angst wird hier als Affekt oder Irritation präsentiert, die von ihr betroffene Filmfiguren oder innerfilmische Kollektive nicht nur hemmen und stillstellen („freezing"), sondern auch zu innovativ-kreativen Handlungen animieren kann. Zu fragen ist: Welche

Wege kennen diese Filmgenres in die Angst hinein und wieder aus ihr heraus – für die Filmcharaktere und sich mit ihnen identifizierende Zuschauende?

Methodisch werden Filme im Vorliegenden als eigenständige Textsysteme aufgefasst, in die vielzählige Elemente gesellschaftlicher Angstkulturen eingespeist werden, wie historische Angstcodierungen und andere künstlerische Repräsentationen von Angst. Die fiktionalen Angstverfilmungen schließen nicht selten in einer Weise an realpolitische Angst- und Bedrohungsszenarien an, die kritische Sprengkraft besitzt. Indem sich nationale, gruppenspezifische oder personalisierte Ängste in konkreten Filmfiguren spiegeln (wie z.B. in dem Tierhorrorwesen Godzilla als Verkörperung des japanischen Atombombentraumas), können sie in der filmischen Fiktion therapeutisch bearbeitet und modifiziert werden. Die daraus entspringende filmische Signifikation von Angst stellt in zahlreichen Fällen eine tiefgreifende symptomatologische Analyse gesellschaftlicher Angstprozesse oder globaler Angstdiskurse dar, die massenmediale Unterhaltungsfunktionen übersteigt. In einer Rückkoppelungsschleife wirkt das filmisch generierte Wissen über Angstfunktionen wiederum auf den sozialen Körper zurück und steuert dessen Wahrnehmung von und Umgang mit Angst.

7.2 Science, Fiktion, Angst

Die letzten Jahrzehnte waren geprägt von grundsätzlichen Veränderungen im und durch Wissen, die mit Neuerungen in den Naturwissenschaften, insbesondere in der Humanmedizin, der Gen- und Biotechnologie, aber auch mit dem Eintritt ins ‚Atomzeitalter' sowie der Erkundung des Weltraums zusammenhängen. Befördert wurden hierdurch einerseits Fortschrittsphantasien und -euphorien, kulturelle Wünsche und Versprechen sowie gesellschaftliche Potenzialitäten und konstruktive politische Kontroversen, andererseits aber auch kollektive Ängste, nationale Traumata und dysfunktionale Ordnungen, die immer auch filmisch repräsentiert und umgearbeitet wurden. So thematisiert der Spielfilm *The Village of the Damned* (1961) Angsttopoi im Anschluss an die Atomforschung und Wissen über die Destruktivität von Nuklearenergie, indem er eine ominöse Strahlung aus dem Weltraum und Inkarnationen des Außerirdischen behauptet; *Fantastic Voyage* (1966) befasst sich mit Semantiken des ‚Kalten Kriegs', indem er globalpolitische Freund-Feind-Spannungen auf immunologische Kämpfe im Körperinnern überträgt, wobei medizinische Visualisierungstechniken wie endoskopisches Sehen („endoscopic gaze", José van Dijk) konterkariert werden; *The Andromeda Strain* (1971) erzählt von extraterrestrischen Viren und atomarer Selbstzerstörung. Wie eng filmische Angstrepräsentationen mit realgeschichtlichen Entwicklungen oder gesellschaftlichen Angstphantasien verbunden sind, zeigen zudem Filme wie *Soylent Green* (1973), der zu den Themen Treibhauseffekt, Überbevölkerung und Hungersnöte Stellung bezieht oder *The Stepford Wives* (1975), der sich mit der zweiten Welle der Frauenbewegung auseinandersetzt, indem er männliche Kontroll- und Perfektionierungsphantasien in Gestalt roboterhafter Traum(haus)frauen mit Fragen politischer Frauenemanzipation koppelt. *The Clonus Horror* (1976) fokussiert auf Klonierung und Organtransplantation als neuartige Versicherungssysteme und *Demon Seed* (1977) auf zeitgenössische Angstfelder wie künstliche Reproduktionstechnologien, Mensch-Maschine-Verschmelzung, Eizellentransfer und *In-vitro*-Fertilisation.

Auch Franklin J. Schaffners *The Boys from Brazil* (1978) wirft einen spielerisch-hypothetischen Blick auf Ende der 1970er-Jahre mächtige und angstbesetzte Felder der Humanmedizin und Biotechnologie. Er befasst sich mit den umstrittenen Topoi animalische oder menschliche reproduktive Klonierung (s. Abb. 1 u. 2), die bei der Veröffentlichung des Horror-Thrillers zwar reine Zukunftsmusik waren, im Film jedoch als reale Bedrohung in Szene gesetzt werden. Vorstellungen über amoralisch eingestellte Naturwissenschaftler mischen sich hier besonders effektiv mit kollektiven Alpträumen der Entstehungszeit dieses Films, da das „technologische Imaginäre" (Teresa de Lauretis) sowohl auf Seite der *Scientific Community* als auch des Filmpublikums auf diese Themen vorbereitet schien (Mulkay 1996). Fortschrittsoptimismus und gesellschaftliche Potenzialität kollidierten damals mit kollektiven Ängsten vor menschlichen Doppelgängern und Duplikaten, vor der Ersetzbarkeit des Individuums sowie verabschiedeter Menschenwürde und Einzigartigkeit. Die zeitgenössisch empfundene Bedrohung hyperpotenter wissenschaftlich-technologischer Neuerungen schlug sich auf Filmebene in heimsuchenden Visualitäten nieder,

7.2 Science, Fiktion, Angst

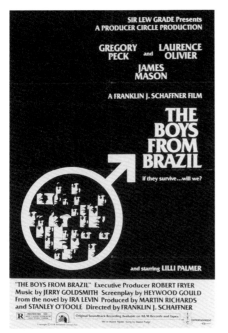

Abb. 1   Filmplakat von *The Boys from Brazil* (1978)

Abb. 2   Filmstill aus *The Boys from Brazil* (1978)

die das Ideal reiner und unschuldiger Wissenschaftlichkeit erschütterten (Köhne 2013). Mannigfache politisch-ethische Kontroversen wurden angesichts einer notwendigen Re-Definition destabilisierter Bereiche wie Blutsverwandtschaft, Mutter- und Vaterschaft, Familien- und Geschlechterrollen entfacht. Zudem greift *The Boys from Brazil* Tabuthemen wie NS-Menschenexperimente (verkörpert durch den Filmcharakter Dr. Josef Mengele), Eugenik, Rassenhygiene und „Nazijäger" auf. Mit seiner dystopischen Vision einer Reaktivierung nationalsozialistischer Machtinteressen in Gestalt von Hitler-Klonen referiert der Film zusätzlich auf kollektive Traumata infolge des Holocaust/der Shoah.

In den oben genannten Science-Fiction-Filmen werden synergetische Effekte zwischen Naturwissenschaften, Technologie, Gesellschaft, Alltagswissen, Populärkultur, (Zeit-)Geschichte und visueller Kultur sichtbar gemacht. Wissenschaftliche Inhalte oder Denkfolien werden ins Filmische transferiert, und *vice versa*: Science in Fiction – Fiction in Science. Fakt und Fiktion, Phantasie und Wirklichkeit, Vision und Realisierbarkeit, technische Machbarkeit und moralische Grenzen, Optimismus und Pessimismus, Utopie und Dystopie gehen hier Hand in Hand und stehen zugleich zur Disposition. Wie in der Science-Fiction-Theorie erforscht, können Filme dieses Genres entweder antizipatorisch, zukunftsweisend und seismographisch funktionieren (Gereon Uerz) oder eher repräsentational, selbstreferenziell und Geschichte abbildend (Fredric Jameson). Teilweise fungieren die filmischen „Katastrophenszenarien" als Exerzierfelder oder kathartische „Reinigungsbecken" für gesellschaftlich empfundene Bedrohungen (Susan Sontag).

7.3 Horrorfilmskripte der Angst

Auch die Geschichte des modernen Horrorfilms seit den 1960er-Jahren ist vielfältig mit der Rezeption und Kritik kultur- und zeitgeschichtlicher Ereignisse verbunden, die die Realität und das Imaginäre der US-amerikanischen Gesellschaft prägten, wie beispielsweise die Ölkrise, die atomare Bedrohung, die Frauenbewegung und sexuelle Revolution, das Civil Rights Movement, das Massaker an der Kent State University oder prominente Einzelmorde, wie denjenigen an Martin Luther King, John

7.3 Horrorfilmskripte der Angst

F. Kennedy oder Sharon Tate. Horrorfilme dieser Zeitperiode spiegeln vor allem auch die politischen Effekte des Vietnamkriegs und anderer kollektiver Gewalttraumata und setzen sie blutig in Szene, wie der Dokumentarfilm *The American Nightmare* (2000) von Adam Simon veranschaulicht.

In der Kultur- und Filmwissenschaft ist die Frage, wie in Horrorfilmen Angst konzipiert wird, ausführlich erforscht und theoretisiert worden, wobei sich Theorieentwicklung und filmische Repräsentation wechselseitig beeinflussten: Zum einen im Rahmen psychoanalytisch geprägter Begriffe wie „Angstlust" und „guilty pleasures", in narratologischen Konzeptionen wie „suspense" (Vorderer et al. 1996) und in gendertheoretischen Konstruktionen wie „weibliche Schaulust", „female rage" und „gender identity transgression", wie Theoretikerinnen der feministischen Filmwissenschaft wie Annette Brauerhoch, Carol Clover, Barbara Creed, Judith/Jack Halberstam, Gertrud Koch oder Heide Schlüpmann seit Anfang der 1990er-Jahre deutlich gemacht haben. Zum anderen fokussierten filmwissenschaftliche Analysen vornehmlich auf zwei Arten filmischer Wissensfiguren: erstens Angst-Erzeuger wie Monster, Zombies, Serienkiller und aggressive RächerInnen und zweitens Angst-Habende/Geängstigte wie „scream queens" (Beck 1978), „female victim-heroes" oder „final girls"/"final subjects" (Clover 1992; Paszkiewicz u. Rusnak 2020), wobei beide Arten ineinander umschlagen können. „TäterInnen"/AggressorInnen beziehungsweise bedrohte „Opfer"/Überlebende können im Film unterschiedliche Formen, Stufen und Perspektiven von Angst auslösen oder erleben und indirekt auch beim Publikum erzeugen. Letzteres kann mittels Immersion in die filmische Fiktion eigene Ängste und Traumata „erinnern, wiederholen und durcharbeiten" (vgl. Sigmund Freuds gleichnamigen Aufsatz von 1914; Leese et al. 2021), sie stellvertretend für das eigene Angsterleben in die Filmfiguren kanalisieren oder sich gegenüber potenziellen Angsterlebnissen abhärten („bootcamp for the psyche", Wes Craven). Die genannten Filmfiguren können die mit ihnen verbundenen Theoriemodelle illustrieren oder aber regelbrechend subvertieren (James McFarland).

Im modernen Horrorfilm dominieren anthropomorphisierte Horrorgestalten, Aggressoren in Menschengestalt, die unter Umständen mit

Monsterphysiognomien ausgestattet sein können (Seeßlen 2004). Filme wie Robert Aldrichs *What Ever Happened to Baby Jane* (1962) über eine gewaltträchtige Beziehung rivalisierender Schwestern und Roman Polanskis *Repulsion* (1965) über eine als Kind von ihrem Vater missbrauchte Männermörderin bestätigen diese Wende und machen die menschliche Psyche und ihre Instabilität und Angstbesetztheit als Quelle für Krisen aus. Neben der Vermenschlichung der Monsterkategorie respektive ‚Monstrofizierung' der Kategorie Mensch verwischen auch andere Grenzlinien, zum Beispiel zwischen Männlichkeit und Weiblichkeit, Subjekt und Objekt, Täter und Opfer, Normalität und Perversion, Gutem und Bösem, Menschlichem und Posthumanem. Konkret geht es meist um das psychologische Angstdesign oder -display eines Einzelnen oder einer Gruppe von Menschen, um die Verfilmung von Angst- und Beklemmungsgefühlen, Phobien und Neurosen sowie Fälle von Beunruhigung, Sorge oder (Massen-)Panik (vgl. Canetti 1960). Beispielsweise in Horrorfilmen wie *Night of the Living Dead* (1968) oder *Rosemary's Baby* (1968) werden Kollektivängste von der soziopolitischen Makro- auf die Mikrogeschichte transponiert und dadurch gestaltbar gemacht, dass sie in filmfigürliche Angstreaktionsmöglichkeiten aufgelöst werden.

Als einer der ersten modernen Horrorfilme gilt der Thriller *Psycho* (1960), in dem Alfred Hitchcock in Anschluss an den realen Serienkillerfall Ed Gein mit der Kategorie des geschlechtlich irritierten Täters in Cross-Dressing-Montur spielt, wobei – ähnlich wie später in *Dressed to Kill* (1980) – binäre und heteronormative Geschlechterbilder und Blickmuster aufweichen. Fixiert auf das Mütterliche zieht der schizophrene Protagonist Norman Bates, wann immer er sich sexuell zu einer Frau hingezogen fühlt, die gegengeschlechtliche Kleidung seiner toten Mutter an. Sodann tötet er die Begehrte aus antizipierter Rivalität und Schuldgefühlen aufgrund seiner sexuellen Autonomiebestrebungen, die ihm die Mutter zu Lebzeiten missgönnt hatte.

Im selben Jahr erscheint Michael Powells *Peeping Tom* (1960), der um Voyeurismus, Skopophilie, ein Archiv angsterfüllter Gesichter und mediale Selbstreflexivität kreist. Als Kind wurde Mark Lewis von seinem Wissenschaftler-Vater dergestalt missbraucht, dass er unter ständiger Beobachtung stand, während jener ihn verschiedenen Angstauslösern aus-

7.3 Horrorfilmskripte der Angst

Abb. 3   Mark als Kind mit Angstphobie, Filmstills aus *Peeping Tom* (1960)

Abb. 4   Frauenmord mit Angstrückkoppelung, Filmstills aus *Peeping Tom* (1960)

setzte (s. Abb. 3). Als erwachsener Prostituierten- und Frauenmörder wendet er das Blatt, anstatt seelisch verletzt zu werden, verletzt er nun andere (Opfer-Täter-Inversion, vgl. Anna Freuds *Das Ich und die Abwehrmechanismen*, 1936). Indem er die väterlicherseits obsessiv erforschte Frage: Wie sieht ein menschliches Gesicht mit der größtmöglichen Angstexpression aus? übernimmt, steht Mark unter dem Zwang, immer wieder in die von Todesangst gezeichneten Gesichter seiner Mordopfer schauen zu wollen. Aus diesem Grund hat er eine einzigartige Mordwaffe konstruiert, die an eine Filmkamera montiert ist. Der psychopathische Serienmörder filmt seine Opfer just in dem Moment, in dem er sie mit dem angespitzten Arm des Kamerastativs ersticht und sie dabei in einen Klappspiegel blicken lässt – so erhält er laufende Bilder ins Maximum potenzierter Angst (s. Abb. 4). Die Zuschauenden mögen sich fragen, was mehr Angst erzeugt: die Angesichtigkeit des Aggressors oder die des verletzten Opfers. Dieser blick- und kameratechnische Rückkoppelungseffekt macht *Peeping Tom* zu einer selbstreflexiven medialen Metaerzählung, die die Mechanismen des Kinos per se und verschiedenster

Sehsysteme sowie das Analogisieren von Kamera und Waffe vorführt. Als seine Entdeckung droht, fällt Mark nur ein Mittel ein, um seine Vorgehensweise noch zu steigern und das ‚Archiv der Angst(Schreie)' zu komplettieren. Er penetriert sich selbst – in einer Art Selbstjustiz. Hierdurch wird die Gewaltgeschichte invertiert: Hatte er die als Kind empfangene Gewalt erst an anderen ausagiert, richtet er sie schlussendlich gegen sich selbst. Indem er sich selbst beim Sterben zusieht und filmt, kreiert er das letzte und wichtigste Element in der Bildergalerie angsterfüllter Gesichter.

7.4 Mit Angst spielen

Außerfilmische Angst kann – so lässt sich in Anlehnung an philosophische Überlegungen Paul Tillichs und Hans Blumenbergs sagen – durch Audiovisualisierung im Film vergegenwärtigt und vergegenständlicht, gebannt und gestaltet sowie umgeformt werden. Dabei können Auswege eingeübt und es kann spielerisch erkundet werden, wie Angstskripte durch Momente von Ästhetisierung, Übersteigerung oder (De-)Mythisierung, Überhöhung, Transgression oder Sublimation verändert oder überwunden werden können.

Im historischen Setting der 1960er- und 1970er-Jahre dienten Science-Fiction-Filme und Horrorfilme als Instrumente, um kulturspezifische Angstrepräsentationen anzufertigen und dabei real zugrundeliegende Ängste durchzuarbeiten. Waren die genannten Jahrzehnte etwa in den Vereinigten Staaten von Amerika von traumatisierenden Kriegserlebnissen und (verdrängter) Kriegsschuld gegenüber dem vietnamesischen ‚Fremden' gekennzeichnet (Napalmbomben, Massaker und Massenvergewaltigungen in My Lai), so ermöglichte es das filmische Medium, überwältigende Todesängste durchzuspielen und sich der eigenen Schuld bewusst zu werden (*Casualties of War*, 1989; *The Winter Soldier Investigation*, 1971/2). In dieser Funktion näherte es sich zum Teil politisierten (linken) Bevölkerungsanteilen und politischen Protestbewegungen an, denen ebenfalls an der Artikulation von Unrechtstaten gelegen war. Science-Fiction-Filme und Horrorfilme dieser Zeit können als agiler Teil kollektiver Prozesse von Angstvergegenwärtigung und -bearbeitung aufgefasst

7.4 Mit Angst spielen

werden – Tom Savini in *The American Nightmare* (2000): „I like to scare because I am scared". Durch das Setzen innerfilmischer Trigger können sie verdrängte Inhalte erinnern helfen oder sie halten Rezepturen zum kreativ-konstruktiven Umgang mit Angst bereit.

In Variation philosophischer und psychoanalytisch geprägter Angsttheorien lösen die Spielfilme die Opposition von objektloser Angst (Möglichkeit, Freiheit, Weite) versus objektbezogener Furcht (Ding, Gegenstand, Physis) zugunsten eines beweglichen Charakters von Angst/Furcht auf, wie zum Beispiel in Form bestimmter, aber unsichtbarer Angstobjekte wie in *Alien* (1979) oder *Rosemary's Baby*. Unspezifische Angstobjekte wie der Parasit in *Shivers* (1975) oder neurosebedingte Angst vor der Nähe zum Männlichen in *Repulsion* setzen auf dramatischer Ebene spezifische Angstproduktionen in Gang (Angstlust, thrillseeking, fight-or-flight etc.), sodass sie von den betroffenen Filmcharakteren – und mit ihnen den sich identifizierenden Zuschauenden – dann konkret pariert werden können.

Filme über Angst sind in der Lage, eine Verkehrung von Machtachsen und Täter/Opfer-Positionen zu inszenieren, beispielsweise versagen militärische oder staatliche (Angst-)Kontrolle und Management häufig oder Angsterzeuger werden selbst zu Geängstigten, wobei der ehemals männlich-aggressive Täter-Part als unterworfen imaginiert wird und es daraufhin anderer subversiver Figuren bedarf, um eine Lösung zu ersinnen. So führten die in der westlichen Realität der 1960/70er-Jahre ohnehin aufweichenden Geschlechtergrenzen in der filmischen Fiktion zu emanzipierten und ermächtigten Frauenfiguren, die durch ihr queeres, „monstrous" oder „messy gender" (Judith Halberstam) den Aggressor besiegen können, was Zuschauern eine „cross-gender-identification" ermöglichte (Clover 1992). Nicht selten wird in Filmen über Angst die spezifisch westliche Einsatzweise von Gewalt kritisiert, die von (postkolonialer) Vormachtstellung, Siegesbewusstsein und Superioritätsdenken gekennzeichnet ist. So wird gezeigt, dass die Gewalt, die sich gegen eine ebenfalls gewaltförmige Ausgangsbedrohung richtet, diese häufig an Grausamkeit und Unerbittlichkeit übersteigt. In *Night of the Living Dead* etwa agiert die hypermaskuline Gegenwehr (in Gestalt der ‚Rednecks') am Ende wesentlich gewaltvoller als die Masse der Untoten.

Insgesamt können Angstfilme als kulturelle Orte adressiert werden, in denen Angstsymptome traumatisierter, schuldbeladener oder allzu siegessicherer Kollektive durchgearbeitet werden können – Kollektive, die in der Vergangenheit selbst verletzt wurden, aber auch eigene Bevölkerungsteile oder fremde Gruppen massiv verletzt haben. Die verschiedenen Angstperspektiven werden ins fiktive Spiel und dort auf frei flottierende Zeichenträger übertragen: auf aggressive TäterInnen, unterworfene Weiblichkeiten, erstarkte Frauenfiguren, aggressive Rächerinnen („female-victim-hero", Clover 1992) oder unbesiegbare Monster. In je unterschiedlicher Konstellation können so uneingestandene und unbewältigte Ängste, Schuldkomplexe und Traumatisierungen auf den multiplen filmischem Plateaus bewusst gemacht, re-enacted, kathartisch abgeführt oder mit verschiedensten Filmenden durchgespielt werden.

Literatur

Beck CT (1978) Scream Queens. Heroines of the Horrors. Collier Books, New York/London
Canetti E (1960) Masse und Macht. Fischer Taschenbuchverlag, Frankfurt am Main
Clover C (1992) Men, Women, and Chain Saws. Gender in the Modern Horror Film. Princeton University Press, Princeton
Elm M, Köhne JB, Kabalek K (Hrsg.) (2014) The Horrors of Trauma in Cinema. Violence, Void, Visualization. Cambridge Scholars Publishing, Cambridge
Koch L (Hrsg.) (2013) Angst. Ein interdisziplinäres Handbuch. J.B. Metzler Verlag, Stuttgart/Weimar
Köhne JB (2013) Wissenschaft und Fiktion. Reproduktionsmedizin, menschliches Klonen und Ethik im Science-Fiction-Film The Boys From Brazil (1978). ÖZG 3, 55–78
Köhne JB (Hrsg.) (2012) Trauma und Film. Inszenierungen eines Nicht-Repräsentierbaren. Kadmos Verlag, Berlin
Leese P, Köhne JB, Crouthamel J (Hrsg.) (2021) Languages of Trauma: History, Media and Memory. University of Toronto Press, Toronto/Buffalo/London
Macho T, Wunschel A (Hrsg.) (2004) Science & Fiction. Über Gedankenexperimente in Wissenschaft, Philosophie und Literatur. Fischer Taschenbuch Verlag, Stuttgart
Mulkay M (1996) Frankenstein and the Debate Over Embryo Research. Science, Technology & Human Values 21(2), 157–176
Paszkiewicz K, Rusnak St (Hrsg.) (2020) Final Girls, Feminism and Popular Culture. Palgrave Macmillan, London
Peter L, Köhne JB, Crouthamel J (Hrsg.) (2021) Languages of Trauma. History, Media, and Memory. University of Toronto Press, Toronto/Buffalo/London
Seeßlen G (2004) Horror. Grundlagen des populären Films. Schüren Verlag, Marburg
Vorderer P, Wulf HJ, Friedrichsen M (Hrsg.) (1996) Suspense. Conceptualizations, Theoretical Analyses, and Empirical Explorations. Routledge Hillsdale NJ

8 Angst und Arbeit

Beate Muschalla

8.1 Psychische Erkrankungen und arbeitsbezogene Beeinträchtigungen

Psychische Erkrankungen sind Volkskrankheiten (Wittchen et al. 2011; Sanderson u. Andrews 2006). In der Allgemeinbevölkerung leiden etwa 30% der Menschen an einer psychischen Erkrankung. Am häufigsten sind Stimmungserkrankungen und Angsterkrankungen. Sie sind in der Regel nicht durch Lebensereignisse o.ä. „verursacht", sondern es handelt sich um chronische Erkrankungen, die meist lebenslang bestehen. Menschen mit psychischen Erkrankungen haben Probleme in der Lebensbewältigung, insbesondere in Lebensbereichen, die wenig Toleranz für Normabweichungen haben, wie vor allem am Arbeitsplatz. So zeigte sich, dass Menschen mit psychischen Problemen Beeinträchtigungen im Freizeitbereich, im sozialen Umfeld oder bei der Haushaltsführung haben, die Beeinträchtigungen sich jedoch am stärksten im Bereich der Arbeit zeigen (Muschalla et al. 2012). Angsterkrankungen gehören zu den wenigen psychischen Erkrankungen, die auch „gelernt" werden können. Arbeitsbezogene Ängste gehen in 58% der Fälle mit Problemen am Arbeitsplatz einher: Überforderung wegen Arbeitsmenge (in 56% der Fälle) oder -inhalt (39%), Anpassungsschwierigkeiten bei strukturellen Veränderungen (42%), Konflikte (56%), Fehlzeiten (8%).

8.2 Macht Arbeit Angst?

Arbeit ist auf der einen Seite eine wichtige Ressource im Leben, die für viele Menschen nicht nur Lohnerwerb, sondern auch soziale Einbindung, Anerkennung und Identitätsstiftung bedeutet. Es gibt jedoch an Arbeitsplätzen auch naturgemäß eine Reihe von Faktoren, die Ängste forcieren können – bei gesunden und erst recht bei Menschen mit psychischen Erkrankungen (Muschalla u. Linden 2013). Diese „Bedrohungsfaktoren" sind bspw. Rivalitäten und Rangkämpfe unter Kollegen, sanktionierende und überwachende Vorgesetzte, Mitarbeiterranking, Computer-Monitoring von Mitarbeitern, Unfallgefahren sowie Ungewissheiten, was an betrieblichen Neuerungen oder gar Arbeitsplatzunsicherheit auf einen zukommen mag.

Gelegentliche Anspannung oder ein flaues Gefühl in manchen Arbeitssituationen zu verspüren, ist normal. Problematisch werden Arbeitsängste, wenn sie dazu führen, dass der Betroffene in die Vermeidung geht oder bei der Arbeit durch Fehler und Daueranspannung auffällt und schließlich ausfällt. Insbesondere wenn es zu einer Krankschreibung kommt, ist Vorsicht geboten. „Weg zu sein" vom Arbeitsplatz wirkt zunächst angstreduzierend und entlastend. Die Angst wird jedoch im Verlauf schlimmer, und Panik kann auftreten wenn der Arzt dann nach einer Weile vorschlägt, jetzt an den Arbeitsplatz zurückzukehren.

Etwa 60% der Patienten in der psychosomatischen Rehabilitation sind von Arbeitsängsten betroffen, 17% gar von einer kompletten Arbeitsplatzphobie mit Panikattacken allein beim Gedanken an die Arbeit (Muschalla u. Linden 2013). In einer arbeitspsychologischen Untersuchung wurden 201 Berufstätige verschiedener Branchen befragt. Von diesen waren 6% aktuell in einer Behandlung wegen psychischer Probleme. Von den 188 nicht in Behandlung Befindlichen berichteten etwa 5%, dass sie an arbeitsbezogenen Ängsten litten und sich auch schon einmal wegen unerträglicher Probleme am Arbeitsplatz hatten krankschreiben lassen (Muschalla et al. 2013). In einer bevölkerungsrepräsentativen Studie hatten 2,2% derjenigen im erwerbsfähigen Alter eine klinisch relevante arbeitsplatzphobische Symptomatik. Davon hatten die Hälfte (also 1% der Erwerbsbevölkerung) in den letzten 12 Monaten eine Arbeitsunfähigkeit von 12 Wochen (Muschalla et al. 2020). Arbeitsängste bringen also unmittelbare volkswirtschaftliche und sozialmedizinische Begleiterscheinungen mit sich.

8.3 Wie sehen Arbeitsängste aus?

Arbeitsängste sind Ängste, die sich auf den Arbeitsplatz oder die Arbeit beziehen. Sie können auf spezielle Arbeitssituationen oder -anforderungen, Kollegen oder Vorgesetzte bezogen sein, oder auf den Arbeitsplatz oder die Arbeitswelt als Ganzes. Arbeitsängste können am Arbeitsplatz, oder auch bei Gedanken an oder beim Reden über den Arbeitsplatz sichtbar werden. In vielen Fällen führen sie zu Vermeidungsverhalten in Form von Arbeitsunfähigkeit. Betroffene wirken zum Teil gesund, solange man nicht das Thema „Arbeit" ihnen gegenüber anspricht. Arbeitsängste sind dann als krankheitswertig einzuschätzen, wenn sie im Arbeits- oder Lebensalltag bei den Betroffenen zu deutlichem Leiden oder beobachtbaren Aktivitäts- und Teilhabebeeinträchtigungen führen. Beispielsweise bleibt ein Patient mit sozialer Angst der Teamsitzung fern, ein Patient mit Sorgenangst (im Sinne generalisierter Angst) macht Überstunden und hat keine Zeit mehr für die Familie, ein anderer Patient, der aufgrund von Arbeitsängsten langzeitarbeitsunfähig ist, verliert seinen Job. Patienten mit Arbeitsängsten sind deutlich länger arbeitsunfähig als Patienten mit herkömmlichen nicht-arbeitsspezifischen Angsterkrankungen oder Patienten mit anderen psychischen Erkrankungen (Muschalla u. Linden 2013).

Arbeitsbezogene Ängste können sich auf unterschiedliche Weise äußern. Sie können als eigenständige („alleinige") Arbeitsängste vorkommen oder in Form eines Zusatzsymptoms bei einer „psychischen Grunderkrankung", wie beispielsweise einer Depression. Psychopathologisch müssen also analog zu den bekannten Angstqualitäten (ICD-10, WHO 1992; DSM-V, APA 2015) verschiedene Formen von Arbeitsängsten unterschieden werden. Diese Arbeitsängste sind in unabhängigen empirischen Studien beobachtet und validiert worden (z.B. Haines et al. 2002; Payne et al. 1982). Eine systematische Übersicht der verschiedenen Arbeitsängste wurde wie folgt gegeben (vgl. Muschalla u. Linden 2013).

8.3.1 Stimulusbezogene phobische Ängste bei der Arbeit und Vermeidungsverhalten

Dies sind konkrete Ängste vor einem bestimmten Ort, einer bestimmten Aufgabe oder bestimmten Situationen („Stimuli") bei der Arbeit. Im Sinne einer phobischen Reaktion kommt es zu Anspannung, Angst oder sogar Panik bei Vorstellung oder Annäherung, und zu Entspannung und Beruhigung bei Abwendung und Vermeidung dieser speziellen Situation. Derartige Angstauslöser können alle möglichen speziellen Arbeitssituationen sein wie bspw. ein Computerarbeitsplatz oder ein Gerüst, spezielle Arbeitsaufgaben, Arbeitszeiten, Arbeitsorte oder Arbeitsumgebungen, wie z.b. Nachtschichten oder ein Einzelarbeitsplatz mit erhöhten Anforderungen an die Selbstverantwortung. Es kann zur Vermeidung dieser speziellen Arbeitssituationen und -orte kommen oder, wenn eine spezifische Vermeidung nicht möglich ist, auch zur „Krankschreibung". Diese Ängste sind häufig gelernte Ängste, z.B. Angst nach Begehen eines folgenreichen Fehlers mit dem neuen Computerprogramm.

8.3.2 Soziale Ängste am Arbeitsplatz

Soziale Ängste beziehen sich auf Kontakte mit Kollegen, Vorgesetzten oder auch Dritten, wie Kunden oder Patienten. Sie kommen entweder im Rahmen einer angeborenen sozialen Unsicherheit vor, die sich als Blickphobie äußern kann oder als erworbene Unsicherheit bei mangelnder sozialer Kompetenz und negativen Reaktionen anderer auf das eigene Verhalten. Soziale Ängste sind gekennzeichnet durch ein übermäßig unsicher, unbeholfen, schüchtern wirkendes, oder aber im Gegensatz auch aggressives Verhalten anderen gegenüber. Betroffene mit sozialen Ängsten haben Probleme, sich in soziale Situationen bei der Arbeit einzubringen, ihre Position zu behaupten oder sich den Bewertungen anderer auszusetzen z.B. in Konferenzen und Teamsitzungen, aber auch in der Teeküche oder beim gemeinsamen Mittagessen in der Kantine.

8.3.3 Gesundheits- und körperbezogene Ängste bei der Arbeit

Unter diesem Leitsymptom werden alle Formen krankheits- und körperbezogener Befürchtungen zusammengefasst, d.h. eine verstärkte Besorgnis um die eigene körperliche Unversehrtheit. Im Zusammenhang mit der Arbeit beinhaltet das die Überzeugung, dass die Arbeit gesundheitsschädlich ist (z.B. der Druckertoner im Büro) oder die Arbeitsbedingungen (z.B. Geräuschkulisse im Großraumbüro) krank machen oder dass sich durch die Arbeit bestehende eigene Krankheiten weiter verschlechtern (z.B. die Idee, dass ein Rückenleiden durch die Arbeit verstärkt wird oder dass Arbeitsstress zu einem erneuten Herzinfarkt führt). Die Betroffenen beobachten ihren Körper verstärkt auf Symptome wie beispielsweise beschleunigten Herzschlag oder leichte Missempfindungen in verschiedenen Körperteilen hin. Die Folge kann ein unangemessenes Schonverhalten sein, eine fehlerhafte Arbeitsweise oder das Vermeiden bestimmter Arbeiten oder Arbeitsorte, von denen der Betroffene glaubt, dass sie Gesundheitsgefährdung bedeuten.

8.3.4 Insuffizienzängste bezüglich der Arbeit

Das Leitsymptom Insuffizienzängste beschreibt Ängste, unzureichend qualifiziert zu sein, schnell überfordert zu sein, nicht genügend Wissen oder Fähigkeiten für die Aufgabenerledigung zu haben und daraus folgend Fehler zu begehen. Dazu gehören auch Veränderungsängste im Sinne von Angst vor der Übernahme neuer Aufgaben oder dem Erwerb neuer Fertigkeiten, die bei strukturellen, personalen oder technischen Veränderungen im Betrieb notwendig sind. Menschen mit solchen Ängsten reagieren mit Anspannung, wirken fahrig, auch teilweise hilflos oder hilfesuchend.

8.3.5 Arbeitsbezogene Sorgenängste

Dies ist eine Art von Angst, die sich hauptsächlich im Kopf abspielt. Es handelt sich um ein relativ konstantes Denkmuster mit Tendenz zu generalisierten Befürchtungen und ständiger Besorgtheit um alltägliche Kleinigkeiten bei der Arbeit. Dies äußert sich durch eine ständige sorgenvolle Beschäftigung mit Arbeitsproblemen auch in der Freizeit, bis hin zur Einschränkung anderer alltäglicher Verrichtungen durch die Besorgnis über Arbeitsangelegenheiten. Die Betroffenen sehen überall Gefahren und potenzielle Probleme, die sie durch besonderen Einsatz abwenden möchten. Dazu gehören Sorgen, am Computer etwas falsch machen zu können, bestimmte Aufgaben nicht korrekt zu erledigen oder auch Existenzängste mit Befürchtungen, den Arbeitsplatz zu verlieren. Menschen mit ausgeprägten Sorgenängsten sind häufig übergewissenhaft in der Erledigung ihrer Arbeit und sind über die aktuellen offiziellen Vorgänge im Betrieb genauestens informiert. Sie bekommen von Kollegen schon einmal gesagt, dass sie sich manchmal zu viele Gedanken machen oder sie werden von Kollegen angesprochen, um Arbeiten zu kontrollieren oder Auskünfte zu geben. Die Familie reagiert verärgert, weil die Betroffenen zu Hause nicht abschalten oder den Feierabend nicht genießen können, weil sie über eine noch unabgeschlossene Arbeitssache nachdenken, sich nicht trauen, Urlaub zu nehmen oder sich im Krankheitsfall einmal krankschreiben zu lassen, weil das unangenehme Gefühl der Ungewissheit, das sie während ihrer Abwesenheit aushalten müssten, zu stark ist.

8.3.6 Arbeitsplatzphobie

Ein Sonderproblem unter den arbeitsbezogenen Ängsten ist die Arbeitsplatzphobie. Das Syndrom wurde erstmals von Janet Haines und Kollegen im Jahre 2002 wissenschaftlich beschrieben. Entsprechend der allgemeinen Definition von Phobien der Weltgesundheitsorganisation liegt eine Arbeitsplatzphobie dann vor, wenn die Annäherung oder allein der Gedanke an den Arbeitsplatz zu einer körperlichen und gedanklichen Angstreaktion und einem Vermeidungsverhalten bezüglich der Arbeitsstelle führen. In der Konsequenz kam es in 80% der untersuchten Fälle zur (Langzeit-)Arbeitsunfähigkeit, die wiederum eine Verstärkungswirkung auf die Angst selbst hat. Häufig kommt es zu einer Ausweitung des Vermeidungsverhaltens, wie z.B. die Vermeidung der Straße, in welcher der Betrieb liegt, Vermeidung von Ereignissen, bei denen man Kollegen begegnen könnte (einkaufen im Supermarkt) oder sogar Angst wenn nur das Gespräch auf die Arbeit kommt.

8.4 Sind Arbeitsängste behandelbar?

Arbeitsängste haben aufgrund ihrer schwerwiegenden sozialmedizinischen Folgen und dem existenziell bedeutsamen Stimulus eine eigenständige Krankheitswertigkeit. Sie können im ICD-10 als Angsterkrankung verschlüsselt werden, beispielsweise als „F 41.8 Arbeitsbezogene Angst". Therapeutische Maßnahmen bei Arbeitsängsten beziehen sich – wie bei anderen Angsterkrankungen auch – zum einen auf die Reduktion von Leiden und Symptomatik, zum anderen auf die Wiederherstellung der Bewältigungsfähigkeiten. Grundsätzlich gilt, dass – unabhängig von einer möglicherweise attestierten Arbeitsunfähigkeit – möglichst frühzeitig eine konsequente und sachkundige Therapie gegen das phobische arbeitsbezogene Vermeidungsverhalten eingeleitet werden sollte. Aufbauend auf mehrjährige grundlegende Forschung zu Arbeitsängsten wurde ein Gruppenprogramm für Patienten mit Arbeitsängsten im Setting einer Rehabilitationsklinik evaluiert (Muschalla et al. 2014). Ziel war es, mittels eines expositions- und trainingsorientierten verhaltenstherapeutischen Kurz-Gruppenprogramms die arbeitsbezogenen Bewältigungsfähigkeiten zu stärken. Hier können Patienten grundlegende Kompetenzen zum Umgang mit alltäglichen beruflichen Anforderungen vermittelt und diese eingeübt werden, unabhängig von der Angstsymptomatik an sich. Dies sind z.B. Konfliktmanagement, Bewerbungs-, Präsentations-, und Vortragstraining, Zeitmanagement, Selbstmanagement und Selbstberuhigungsstrategien. Gleichzeitig geschieht eine ständige niederschwellige Exposition mit dem Stimulus Arbeit. Mit 345 Patienten wurde geprüft, ob die bewältigungsorientierte „Arbeits-Coping-Gruppe" zu einer kürzeren Arbeitsunfähigkeitsdauer nach der Behandlung führt als eine ablenkungsorientierte „Freizeit-Gruppe".

Im Ergebnis zeigte sich Folgendes:

1. Patienten mit alleinigen Arbeitsängsten (ohne psychische Grunderkrankung) profitierten besonders von der Arbeits-Coping-Gruppe. Teilnehmer der Arbeits-Coping-Gruppe hatten eine kürzere Arbeitsunfähigkeitsdauer nach der Rehabilitation (11 Wochen) im Vergleich zu Teilnehmern der Freizeit-Gruppe (16 Wochen).

2. Bei Patienten, die Arbeitsängste und eine chronische psychische Grunderkrankung haben (und die somit schwerer beeinträchtigt sind), kam es nicht zu einer Verkürzung der Arbeitsunfähigkeitsdauer. Zukünftige Forschung sollte daher überprüfen, ob bei „höherer Dosis", d.h. mehr Gruppensitzungen, auch für schwerer beeinträchtigte Patienten bedeutsame Verbesserungen mit einer Arbeits-Coping-Gruppe möglich sind.

3. Bei Teilnahme an sechs statt nur vier Gruppensitzungen zeigte sich, dass sich die Teilnehmer der Arbeits-Coping-Gruppe in ihrem arbeitsbezogenen Bewältigungserleben günstig entwickelten: Sie fühlten sich immer besser dazu in der Lage, die Arbeit wieder zu bewältigen. Bei Teilnehmern der ablenkungsorientierten Freizeit-Gruppe wurde das Bewältigungserleben kontinuierlich schlechter.

Diese Befunde unterstreichen, dass ein gezieltes und nach Möglichkeit frühzeitiges Ansprechen von Arbeitsproblemen ein sehr wichtiger Schritt ist. Arbeitsängste und -probleme dürfen nicht unentdeckt und unangesprochen bleiben, da sie sonst die Tendenz haben, sich auszuweiten und zu verhärten. Es kommt dann nicht selten zu Vermeidungsverhalten mit langandauernder Arbeitsunfähigkeit, und die Wahrscheinlichkeit der Rückkehr an den Arbeitsplatz sinkt.

8.5 Umgang mit Arbeitsängsten im Betrieb

In der betrieblichen Praxis sollten bei Führungskräften, Gesundheitsbeauftragten und Arbeitsmedizinern grundsätzlich einige Dinge bekannt sein und beachtet werden, wenn es um Arbeitsängste geht:

1. Gelegentlich Angst am Arbeitsplatz zu haben, ist normal, da Arbeitsplätze verschiedene Bedrohungspotenziale besitzen (soziale Konflikte, Veränderungen, Kontrolle, Bewertung und Sanktionen, Unfallgefahren, Prüfungssituationen, Ungewissheit über Arbeitsplatzsicherheit). Gelegentliche Angst und Unbehagen kann jeder gesunde Mensch tolerieren.

2. Wenn Angst bei der Arbeit jedoch zu stark wird, an jedem Arbeitstag da ist, und bei der Arbeit behindert und starkes Leiden verursacht, sollte der Betroffene offen mit einem Arzt seines Vertrauens, oder auch mit dem Betriebsarzt, darüber sprechen.
3. Eine Krankschreibung bei Ängsten kann, wenn sie über Wochen andauert, und wenn sonst keine aktive Auseinandersetzung mit der Arbeit und einem beruflichen Wiedereinstieg unternommen wird, eher noch zu einer Angstverstärkung beitragen. Wichtig ist daher, dass Betroffene sich frühzeitig und bewusst mit den eigenen Bewältigungsmöglichkeiten und der Arbeitssituation befassen, und dazu motiviert werden.
4. Der behandelnde Arzt oder Betriebsarzt kann die gesundheitsbedingten Arbeitsplatzprobleme des Betroffenen am besten einschätzen. Sie sollten daher im Wiedereingliederungsprozess (BEM Betriebliches Eingliederungsmanagement nach § 167 SGB IX) als kompetente Vermittler zwischen Arbeitgeber und Patient/Mitarbeiter auftreten, da sie wichtige Informationen geben, wenn es um Fragen einer (vorübergehenden) Arbeitsplatzanpassung geht. Damit in dieser Weise alle „miteinander reden" können ist ein grundlegendes gutes Gesprächsklima im Betrieb wichtig, in dem Mitarbeiter keine Scheu haben müssen, ihre Gesundheitsprobleme anzusprechen.

8.6 Was kann in Betrieben vorbeugend getan werden?

Bereits in der alltäglichen betrieblichen Kommunikation kann durch Führungskräfte, Gesundheitsbeauftragte und den betriebsmedizinischen Dienst ohne viel Aufwand einiges getan werden, um möglichst wenig Angst bei Mitarbeitern zu forcieren:

1. Führungskräfte wirken per Rollendefinition mit Überwachungs- und Sanktionsfunktion für Mitarbeiter angstauslösend. Als Führungskraft sollte man dies wissen. Man sollte anerkennen, dass man von Mitarbeitern nicht geliebt werden muss, sondern dass sie – einige mehr, andere weniger – lieber an einer anderen Ecke am Mittagstisch sitzen als der Chef.

2. Ein Chef sollte sich wie ein Chef verhalten, d. h. einen klaren sachlich-unaufgeregten Kommunikationsstil pflegen, Regeln vorgeben und Konsequenzen für Regelverstöße. Dies schließt nicht aus, gleichzeitig mitarbeiterorientiert die Fähigkeiten der Einzelnen im Auge zu behalten, Überforderungen zu vermeiden und bei individuellen Leistungsproblemen die Gründe zu erfragen und Hilfestellung zu geben. Mitarbeiter wissen es in der Regel zu schätzen, einen durchaus fordernden, dabei aber verlässlichen und berechenbaren Chef zu haben. Dazu gehören auch alltägliche Kommunikationsaspekte. Ein Vorgesetzter, bei dem klar ist, dass er in der Konferenz immer an einem bestimmten Platz sitzt, ist in diesem Sinne berechenbar. Einer, der im Sinne einer (pseudo)flachen Hierarchie und Teamgeist versucht, sich jedes Mal an einen anderen Platz zu setzen, um auf Augenhöhe mit den Mitarbeitern zu reden, kann Unbehagen und Irritation auslösen.

3. Betriebliche Veränderungen und alles, was Ungewissheit und Gerüchte schürt, sollte Mitarbeitern klar kommuniziert werden. Wenn klar ist, was das Problem oder Vorhaben ist, und in welcher Weise darauf reagiert werden kann, kann Unsicherheit reduziert werden. Als Vorgesetzter in Entscheidungsverantwortung seine Position zu erläutern und Entscheidungen sachlich zu begründen, gehört ebenso zu einer angstreduzierenden Kommunikation.

4. Mitarbeiter mit Arbeitsängsten kann man ggf. daran erkennen, dass sie bestimmte Situationen oder Personen am Arbeitsplatz vermeiden (z. B. einen Konferenzvortrag zu halten bzw. das neue Computerprogramm zu verwenden), oder aber zu viel arbeiten und kontrollieren und dauerhaft ausgebrannt und angespannt wirken. In einer Untersuchung von Menschen mit Arbeitsängsten zeigte sich, dass Betroffene sich über den Gegenstand, der ihnen Angst macht negativer äußern als Menschen ohne Arbeitsangst. Klagen von Mitarbeitern über bestimmte Arbeitssituationen oder Umstände (z. B. zu viel Arbeit, Umgebungsbelastungen, zu wenig sozialer Rückhalt) sollten daher ernst genommen werden. Das Ansprechen von „Problemen" (nicht: „Ängsten") kann auch ein Weg sein, mit Mitarbeitern ins Gespräch zu kommen. Sollte der Eindruck entstehen,

8.6 Was kann in Betrieben vorbeugend getan werden?

dass es sich um relevante Probleme handelt, die möglicherweise mit Angst zu tun haben, kann den Betroffenen auch ein Besuch beim Betriebsarzt vorgeschlagen werden. Wichtig ist hierbei, dass der Mitarbeiter dies als wohlwollende Fürsorgeaktion erkennen kann und nicht als „Falle" oder „Test" vor einem drohenden „Rausschmiss" wertet.

5. Führungskräfte sollten vermeiden, eine unnötige Wettkampfatmosphäre unter Mitarbeitern zu erzeugen. Verzicht auf öffentliche Vergleiche und Mitarbeiterrankings können zu einer ausgeglichenen Teamatmosphäre beitragen. Kritische Rückmeldungen sollten im Vier-Augen-Gespräch gegeben werden.

6. Die Gruppendynamik in der Abteilung und in den verschiedenen Teams sollte im Auge behalten werden, um unerwünschte Subgruppen-, Koalitions- und Oppositionsbildungen rechtzeitig zu erkennen und gegensteuern zu können. Hinsichtlich Veränderungen im Team gilt: so viel wie nötig (Teamzusammensetzungs-Veränderungen bspw. bei Neuzugängen), so wenig wie möglich.

Dieser Beitrag ist eine leicht modifizierte und aktualisierte Version des erstmals in der Zeitschrift *Wirtschaftspsychologie aktuell* publizierten Artikels: Muschalla B (2015) Angst am Arbeitsplatz: warum eine fehlende Auseinandersetzung zur Verstärkung führen kann. *Wirtschaftspsychologie aktuell*, 2015 (3), 17–22.

Literatur

APA American Psychiatric Association (2015) Diagnostic and Statistical Manual of Mental Disorders (DSM-V). American Psychiatric Association, Washington, DC

Haines J, Williams CL, Carson JM (2002) Workplace Phobia: Psychological and psychophysiological Mechanisms. Int J Stress Manag 9, 129–145

Muschalla B, Fay D, Jöbges M, Linden M, Ayhan H, Flöge B, Heidrich ML (2014) Evaluation einer Gruppentherapie für arbeitsplatzbezogene Ängste und Arbeitsplatzphobie. Abschlussbericht und Manual zum Forschungsprojekt. Brandenburgklinik Bernau und Universität Potsdam, Arbeits- und Organisationspsychologie

Muschalla B, Grove H, Morawietz J (2020) Fähigkeiten, Arbeitsängste und Verbitterungserleben in der Allgemeinbevölkerung. Eine Zusammenstellung von Repräsentativdaten. Abschlussbericht zum Forschungsprojekt im Bereich der Rehabilitation. Technische Universität Braunschweig, Psychotherapie und Diagnostik, Braunschweig

Muschalla B, Heldmann M, Fay D (2013) The significance of job-anxiety in a working population. Occup Med 63, 415–421

Muschalla B, Linden M (2013). Arbeitsplatzbezogene Ängste und Arbeitsplatzphobie. Phänomenologie, Differentialdiagnostik, Therapie, Sozialmedizin. Kohlhammer-Verlag, Stuttgart

Muschalla B, Vilain M, Lawall C, Lewerenz M, Linden M (2012) Participation restrictions at work indicate participation restrictions in other domains of live. Psychol Health Med 17, 95–104

Payne RL, Fineman S, Jackson PR (1982) An interactionist approach to measuring anxiety at work. J Occup Psychol 55, 13–25

Sanderson K, Andrews G (2006) Common mental disorders in the workforce: recent findings from descriptive and social epidemiology. Can J Psychiatry 51, 63–75

WHO World Health Organization (1992) International Statistical Classification of Diseases and Related Health Problems, 10th revision. World Health Organization, Geneva

Wittchen HU, Jacobi F, Rehm J, Gustavsson A, Svensson M, Joensson B, Olesen J, Allgulander C, Alonso J, Faravelli C, Fratiglioni L, Jennum P, Lieb R, Maercker A, van Os J, Preisig M, Salvador-Carulla L, Simon R, Steinhausen HC (2011) The size and burden of mental disorders and other disorders of the brain in Europe 2010. Eur Neuropsychopharmacol 21, 655–679

9 Angst und Angstbewältigung im Leistungssport

Jürgen Beckmann und Denise Beckmann

9.1 Hintergrund

Im Sport tritt Angst in verschiedenen Kontexten auf. Insbesondere vor und auch während eines Wettkampfs berichten Sportler Gefühle der Anspannung, Besorgnis und Nervosität. Wahrgenommene körperliche Veränderungen wie feuchtkalte Hände, beschleunigter Herzschlag und sogar Übelkeit gehen einher mit beunruhigenden Gedanken. Angst hat im Leistungssport gravierende Einflüsse sowohl auf die Leistung als auch auf Gesundheit und Wohlbefinden von Athleten. Die besondere Situation von Spitzensportlern ist dadurch gekennzeichnet, dass unterschiedliche Ängste auslösende Stressoren innerhalb und außerhalb des Sports auf die Athleten einwirken. Viele der mentalen Fertigkeitstrainings der Sportpsychologie zielen darauf ab, Wettkampfleistung durch Abbau und Kontrolle von Stress und Ängsten zu stabilisieren (Beckmann u. Elbe 2011).

Angst im Sport kann verschiedene Aspekte umfassen:

- Angst vor Unbekanntem,
- Angst vor körperlicher Verletzung,
- Angst vor Misserfolg,

- Angst vor Blamage und
- Angst vor ökonomischen Verlusten (Preisgelder, Sponsoren etc.).

Wird Angst erlebt, geht oft Lockerheit verloren und die Bewegungskoordination leidet. Häufig werden auch keine situationsangemessenen Entscheidungen getroffen, eine optimale Einstellung auf die nächste Aufgabe wird beeinträchtigt und im Training wird die Fähigkeit zu lernen eingeschränkt.

Die oben genannte Liste der Dimensionen von Angst im Sport ist nicht vollständig, weil zum Beispiel die besondere Situation der Nachwuchsleistungssportler mit der angstauslösenden Unsicherheit bezüglich des weiteren Karriereverlaufs nicht berücksichtigt ist. Hinsichtlich Verletzungen muss ergänzt werden, dass die Angst vor Wiederverletzung besonders leistungsbeeinträchtigend und belastend wirken kann. Hier erweist sich eine Unfähigkeit diese Ängste zu bewältigen, als ein entscheidender Faktor der Stressentstehung.

Nicht selten resultiert aus nicht verarbeiteten Verletzungen das Karriereende. Dies stellt ein besonders belastendes Lebensereignis dar und wird als komplexes Wechselspiel von Stressoren erlebt. Es wird insbesondere dann zum Distress, wenn es unfreiwillig und unerwartet durch eine Verletzung herbeigeführt wird. Physische Wiederherstellung und psychische Erholung klaffen im Leistungssport oft auseinander. Wenn aus Verletzungen entstehende Angst vor Wiederverletzung nicht Gegenstand psychologischer Betreuung ist bzw. keine psychologische Rehabilitation nach Verletzungen stattfindet, können Wiederverletzungen und ein depressives Syndrom die Folge sein (Brewer u. Redmond 2017).

9.2 Determinanten der Angst im sportlichen Kontext

Die Sportpsychologie hat sich am intensivsten mit Versagensängsten im Bereich sportlicher Wettkämpfe befasst. Es gibt im Sport Wettkampftypen und solche, die wie die sogenannten „Trainingsweltmeister", die Versagensängste im Hinblick auf sportliche Wettkämpfe entwickeln und deshalb dort ihr Leistungspotenzial nicht abrufen können. Diese Versagensängste finden sich insbesondere bei Personen mit einer ausgeprägten

Furcht vor der Misserfolg-Komponente des Leistungsmotivs. Die problematischste Situation für Sportler mit dieser Disposition liegt darin, vor anderen etwas vorführen zu müssen, bei dem sie nicht hundertprozentig davon überzeugt sind, es zu schaffen. Es geht um eine Angst vor schlecht einzuschätzenden Leistungsanforderungen und einer Angst vor Blamage.

Im Zusammenhang mit Versagensangst steht auch, dass in einem Wettkampf der innere Dialog umkippt. Der „innere Zweifler" mit seinen Negativbotschaften gewinnt die Oberhand. Aussagen wie, „Ich kann heute keine langen Pässe spielen", oder „Mein Aufschlag kommt heute einfach nicht" kennzeichnen in diesem Fall das Selbstgespräch. Häufig wird dies auch begleitet von einem durch Ratlosigkeit gekennzeichneten inneren Dialog, „Ich weiß auch nicht, was los ist", „Wieso bin ich so schlecht?". Nach solchen Aussagen kann man kaum erwarten, wieder auf ein gutes Leistungsniveau zu kommen. Verschiedene Forschungsarbeiten haben belegt, dass negative Selbstgespräche mit einer schlechteren sportlichen Leistung einhergehen.

9.3 Interventionen

Da Angst und negative Emotionen als Folge von Stress beeinträchtigend sowohl hinsichtlich der Leistung aber auch des Wohlbefindens wirken, fokussiert eine Vielzahl sportpsychologischer Interventionen auf eine Änderung der diesbezüglichen Muster. In der Sportpsychologie wurden einige grundlegende Orientierungen zum Umgang mit Angst formuliert. Eine grundsätzliche Orientierung besteht darin, keinesfalls zu versuchen, etwas bedrohlich Erscheinendes nicht wahrhaben zu wollen oder zu unterdrücken. Dies wird deutlich am Beispiel von Vermeidungszielen. Solche Vermeidungsziele aktivieren im Gehirn genau das Bedrohungs-Stress-Szenario, das ja vermieden werden soll. Das dieser negativ bewerteten Situation entsprechende, aktivierte neuronale Netz sollte aber eigentlich gehemmt werden. Storch (2006, 69) meint dazu:

> „Versuchen Sie das, was Sie wollen, in einer Annäherungs-Terminologie in Worte zu fassen, denn nur dann findet der Teil ihres Gehirns, der für die Ausführung von Verhaltenssequenzen zuständig ist, die optimale Grundlage vor, um in Ihrem Sinne tätig zu werden."

Statt Vermeidungsziele sollten also Annäherungsziele oder positive Ziele formuliert werden. Geschickt ist es dabei auch, eine Entscheidungssituation herbeizuführen: „Du kannst entscheiden, wie Du sein willst, ‚nervös und unruhig, unbehaglich' oder souverän, selbstbewusst, in Dir ruhend."

Misserfolgsängstlichen Athleten sollte entsprechend Gelegenheit gegeben werden, neue Leistungsanforderungen zunächst einmal kennenzulernen, für sich allein auszuprobieren und zu trainieren. Ferner ist der Vergleich mit anderen zurückzustellen, bis über psychologische Interventionen die Misserfolgsangst reduziert werden konnte. Dazu konzentriert sich der Trainer oder Sportpsychologe bei Misserfolgsängstlichen zunächst auf deren individuellen Leistungsfortschritt. Dies nennt man eine individuelle Bezugsnormorientierung. Persönliche Verbesserungen werden gelobt, auch wenn sie hinter den Leistungen der Gruppe (soziale Bezugsnorm) zurückbleiben. Es hat sich gezeigt, dass sich durch eine solche Trainingsgestaltung Misserfolgsängstlichkeit innerhalb eines Jahres deutlich reduzieren lässt, sodass ein Wettkampf dann nicht mehr als belastend empfunden wird.

Negative Stressfolgen beruhen häufig auf Gewohnheiten negativen Denkens. Dem mit einer Misserfolgsängstlichkeit einhergehenden Umkippen des inneren Dialogs wird durch ein Training der Selbstgesprächsregulation begegnet. Dabei wird ein innerer Dialog mit positiven, unterstützenden Aussagen geübt. Ferner haben sich sogenannte Wenn-Dann-Strategien als effektive Maßnahmen erwiesen, negative Gedankenprozesse zu ändern (Adriaanse et al. 2011). Durch die Wenn-Dann-Strategie soll die Umsetzung der Tätigkeit automatisiert und somit weniger störbar werden. Beispiel: Ein Basketballer bleibt nach einem Fehlwurf wie gelähmt stehen und grübelt, warum er nicht getroffen hat oder warum er nicht zu einem Mitspieler gepasst hat. Er fehlt nun seiner Mannschaft in der Verteidigung. Eine Wenn-Dann-Regel würde nun beinhalten: „Wenn ich nicht getroffen habe, dann drehe ich mich um und renne zurück!" Das „Wenn" kann noch mit dem Visualisieren eines großen roten Stoppschildes vor der „Dann"-Instruktion kombiniert werden. Diese Vorstellung muss regelmäßig mental trainiert werden, um die dysfunktionale, alte Gewohnheit (Grübeln) effektiv durch die neue, funktionale (Zurückrennen) zu ersetzen (vgl. Beckmann u. Elbe 2011).

9.3 Interventionen

Ein sehr wirksamer Ansatz zur Angstbewältigung liegt darin, die diffuse Angstreaktion in etwas besser Fassbares umzuwandeln. Es kann dabei hilfreich sein, der Angst gewissermaßen „ein Gesicht zu geben". Aus der klinischen Hypnose bekannte Fragen wie, „Angenommen Ihre Angst hätte eine Farbe – welche wäre das?" oder Externalisierungen in Form von Figuren („Angenommen Ihre Angst wäre eine Person, ein Tier oder eine Figur – wie würde sie aussehen und was würde sie sagen?") oder der Person innewohnenden Anteilen (wie z.B. der innere Kritiker) können hilfreich sein. In Form von inneren Dialogen kann nun direkt mit dem ängstlichen Anteil kommuniziert werden. Häufig zeigt sich dabei auch eine bestimmte Funktion der Angst, die durchaus sinnvoll sein kann – vorausgesetzt, die hemmende Komponente kann in eine Hilfreiche umgewandelt werden (z.B. die Angst wird zum Freund, da sie den Athleten aufmerksamer macht und damit vor Gefahren schützen kann).

Eine besondere Bewältigungstechnik ist das „Reframing". Dabei wird ein gegebener Interpretationsrahmen für ein psychisches Erlebnis durch einen neuen Rahmen ersetzt. Beispielsweise äußern Sportler vor einem Wettkampf bei Wahrnehmung von körperlichen Veränderungen wie beispielsweise beschleunigtem Herzschlag häufig, dass sie „nervös" seien. Dies ist die etablierte Interpretation des körperlichen Zustandes. Man kann mit dem Sportler darüber sprechen, welche alternativen Deutungen es für diese körperlichen Wahrnehmungen geben könnte. Ganz konkret kann man auf die Frage kommen, ob denn die wahrgenommene erhöhte Erregung nicht auch von Nutzen sein könne. In der Regel wird man dann zu dem Punkt kommen, dass ohne eine erhöhte Aktivierung die angestrebten Höchstleistungen nicht zu erbringen seien. Insofern liegt nahe, die Interpretation des „Nervösseins" durch eine des „Bereitseins" zu ersetzen.

Beim Folgenden handelt es sich im weiteren Sinne auch um eine Form des Reframings. Hier geht es darum, aus dem diffusen Angsterleben herauszukommen. Eine Möglichkeit dazu liegt in der Unterscheidung von Angst und Furcht. Unter Furcht oder „Realangst" werden Reaktionen auf konkrete, gut identifizierbare Reize, die Gefahr signalisieren, verstanden. Dadurch kann Furcht im Gegensatz zu Angst in spezifische, den Gefahrenreizen entsprechende Vermeidungsreaktionen kanalisiert und darüber abgebaut werden (Beckmann u. Elbe 2011). Ein Interventionsansatz bei Angst ist daher die Umwandlung von Angst in Furcht.

> **Fallbeispiel: Angst in Furcht umwandeln**
>
> Der Skiabfahrtslauf ist eine gefährliche Sportdisziplin und löst auch bei erfahrenen Abfahrern immer wieder Angst aus. In einem konkreten Fall wurde ein Skiabfahrer gefragt, wie viel Angst auf einer Skala von 1 (keine Angst) bis 10 (maximale Angst) er habe, eine für olympische Spiele neu geschaffene, besonders spektakuläre Abfahrtsstrecke zu fahren. Die Antwort war 10. Der Skirennläufer bekam nun im ersten Schritt die Aufgabe, einzelne Abschnitte der Abfahrt zu identifizieren, die ihm besonders bedrohlich erschienen. Durch diese Konkretisierung von Bedrohungspotenzial wurde Angst in Furcht umgewandelt. Bei der Streckenbesichtigung fuhr der Abfahrer die Strecke in langsamem Tempo hinunter und hielt bei jedem Abschnitt an, den er zuvor als besonders bedrohlich bezeichnet hatte. Jedes Mal nahm er eine Einschätzung seiner Angst auf der zehnstufigen Skala vor. Am Ende der Besichtigung konnte er feststellen, dass er bei keinem einzigen Abschnitt einen höheren Wert als 6 auf der Skala angegeben hatte.

In riskanten Sportarten kann es keinesfalls darum gehen, Angst vollständig zu beseitigen, denn die Angst schützt auch. Im ausgeführten Fallbeispiel wurde mit dem Abfahrer angesprochen, dass es sich bei den als besonders bedrohlich identifizierten Abschnitten um solche handelt, vor denen begründeter Respekt besteht. Es wäre leichtsinnig, diesen Respekt nicht zu haben und sich nicht besonders gut auf eben diese Abschnitte einzustellen. Im zweiten Schritt lag daher im konkreten Fall die Aufgabe des Rennläufers darin, konkrete Vornahmen zu entwickeln, wie er diese Abschnitte sicher bewältigen kann. Die über die zweite Aufgabe entwickelten Bewältigungsstrategien wurden anschließend im wettkampfvorbereitenden Training direkt umgesetzt. Die Interventionen reduzierten die Angst des Abfahrers vor der Strecke erheblich. In der Folge stellte der Start beim olympischen Abfahrtslauf für ihn kein größeres Problem mehr dar und er belegte letztendlich einen 7. Platz.

Interventionsmaßnahmen zur Angstbewältigung müssen immer personalisiert werden, da die Bewältigungsressourcen hochgradig individuell verschieden sind, z.B. aufgeregten Atem in tiefe, ruhige Atemzüge (verlängerte Ausatmung) verändern, Kopf heben, schweifenden Weitblick einnehmen, Arme ausstrecken, Körper beweglich machen (Verspannungen beseitigen) (s. Beckmann u. Elbe 2011). Im multidimensionalen Angstmodell (Liebert u. Morris 1967) wird eine kognitive Komponente („Besorgtheit") von einer körperlich-emotionalen Komponente („Aufgeregtheit") unterschieden. Kognitive Strategien können hilfreich sein, „inne zu halten" und prozessorientierte Fragen zu stellen: Wie ist es dazu gekommen, was ist falsch gelaufen, wie kann ich Abhilfe schaffen? Es hat sich gezeigt, dass diese kognitive Strategie hilfreich ist, Grübeln zu verhindern und sich gedanklich vom Bedrohlichen abzuwenden und einem anderen Ziel zuzuwenden. Die kognitive Komponente kann auch in Routinen eingebaut werden, zum Beispiel ist sie sehr hilfreich in einer Postshot-Routine im Golf (Beckmann 2015). Im speziellen Fall eines „Trainingsweltmeisters" kann eine Reihe von personalisierten Interventionsansätzen zur Bewältigung der Wettkampfangst eingesetzt werden. Martens et al. (1990) formulierten diesbezüglich eine „matching hypothesis". Auf der Basis des multidimensionalen Angstmodells postulieren Sie, dass beispielsweise Personen, die eher über hohe somatische Angst, also physiologische Aktivierung, verfügen, eher von körperlichen, körperbezogenen Verfahren profitieren. Personen mit ausgeprägter kognitiver Wettkampfangst, z.B. exzessive Sorgen, sollten hingegen eher von einer kognitiven Intervention profitieren. Für eine solche differenzielle Indikation sprechen verschiedene Befunde.

9.4 Techniken des Embodiments

Im Sport wie auch in anderen Bereichen des Lebens teilt nicht nur das gesprochene Wort, sondern auch die Körpersprache anderen Menschen sehr viel mit, zum Beispiel wie viel Selbstvertrauen, Motivation und welche Einstellung eine Person hat. Lassen Athleten den Kopf hängen und Zeichen von Angst und Frustration erkennen oder wenn sie die Selbstkontrolle verlieren und Wutausbrüche zeigen, kann dies Gegner enorm aufbauen. Man kann auch an sich selbst beobachten, wie eigene positive Gefühle und Erfolgszuversicht in dem Maße zunehmen, in dem der Gegner die Kontrolle über sich verliert. Man sollte sich daher stets bewusst sein, welche Signale die eigene Körpersprache aussendet. Man kann trainieren, nach einem Misserfolg nicht den Kopf hängen zu lassen, sondern aufrecht zu bleiben und Zuversicht auszustrahlen. Körpersprache wirkt aber nicht nur nach außen, sondern auch nach innen. Denn menschliche Informationsverarbeitung findet in ständiger Wechselwirkung mit dem Zustand des eigenen Körpers statt. Dies wird als „Embodiment" bezeichnet (Storch 2006). Körperzustände sind z.B. Körperausdruck, Körperhaltung und Körperspannung. Die Informationsverarbeitung wirkt sich auf den Körper aus, z.B. drückt sich die „Niedergeschlagenheit" nach einem Misserfolg auch in einem gebeugten Rücken und hängenden Schultern aus. Gleichzeitig beeinflusst der Zustand des Körpers umgekehrt auch die Informationsverarbeitung, die Motivation und insbesondere den Gefühlszustand. Werden die Muskeln aktiviert, die zum Lachen nötig sind, führt dies auch zu einer besseren Stimmungslage auch ohne Auftreten eines positiven Ereignisses.

Der Vorteil von Embodimenttechniken liegt darin, dass sie leicht erlernbar und nicht kognitiv sind. Körperzustände können bewusst kontrolliert werden: Statt die Schultern hängen zu lassen, kann der Sportler eine stolzgeschwellte Brust zeigen; statt die Mundwinkel hängen zu lassen, kann ein Lachen auf das Gesicht gebracht werden. Damit kann effektiv die Motivations- und Emotionslage beeinflusst werden. Außerdem wird im Gehirn der Weg zum Abruf der eigenen Stärken gebahnt und damit das Selbstbewusstsein gestärkt. Zusätzlich wird dem Gegner im sportlichen Wettkampf nicht Unsicherheit, sondern Selbstbewusstsein und Stärke gezeigt.

Gerade im Sport als körperlicher Aktivität liegt es nahe, solche körperbezogene Interventionen einzusetzen. Sie sind in der Regel sehr leicht anzuwenden, ohne dass verbale Repräsentationen aktiviert werden müssen. Eine Kombination mit einer Wenn-Dann-Strategie ist möglich. Bei den Sportlern finden solche Embodimenttechniken hohe Akzeptanz. Aufgrund ihrer Untersuchungen kommt Storch (2006, 64) zu dem Schluss: „Emotionsregulation braucht den Körper". „Die Wut sitzt im Bauch, in den Eingeweiden, im Hals – im Körper also – und da muss sie wieder raus. Nachdenken und Be-Sprechen allein genügen keinesfalls, um dies zu erreichen." Entsprechend empfiehlt sie: „Ich würde damit

9.4 Techniken des Embodiments

beginnen, das Embodiment zu erzeugen, das zu einer Stimmung gelassener Heiterkeit passt" (Storch 2006, 64). Schon sehr lang ist bekannt, dass dies durch die Körperhaltung vermittelt wird. Ein gesenkter Kopf mit gebeugtem Rücken, meldet dem Gehirn zurück, „Ich bin ein Verlierer", während die stolzgeschwellte Brust dem Gehirn zurückmeldet „Ich bin ein Sieger". Es kann sehr leicht trainiert werden, auch nach Misserfolgen die stolzgeschwellte Brust einzunehmen oder den stolzen „Gang des Matador" zu zeigen (Beckmann u. Elbe 2011).

Eine besondere Embodimenttechnik, die in den letzten Jahren im Sport untersucht wurde, ist das Handdrücken. Hierbei wird in einer Wettkampfsituation, in der besonders viel psychischer Druck erlebt wird, zum Beispiel vor dem Schießen des Elfmeters, der über den Gewinn der Weltmeisterschaft entscheidet, die linke Hand für einige Sekunden gedrückt. Es hat sich gezeigt, dass damit ein Versagen unter Druck effektiv verhindert werden kann (Beckmann 2019). Bislang konnten die Effekte nur mit Rechtshändern belegt werden, weil sich durch diese Embodimenttechnik störende Gedanken in der linken Gehirnhälfte (dort wo die mit Sprache verbundenen Regionen bei Rechtshändern lokalisiert sind) beseitigen lassen. In einer EEG-Untersuchung (Cross-Villasana et al. 2015) konnte gezeigt werden, dass das Drücken der linken Hand (nicht jedoch der rechten) zum Ausbreiten hoher Alpha-Wellen (12–14 Hz) über das gesamte Gehirn führt. Da ein hohes Alpha einen hemmenden Effekt auf sonstige Aktivierungen hat, kann man von einem Selbstberuhigungseffekt ausgehen.

Routinen

In Routinen können mehrere der oben angesprochenen Techniken zusammengefasst werden. Routinen sollten dabei in der konkreten Gestaltung immer personalisiert, also individuenspezifisch sein. Gute Routinen kombinieren Elemente, die auf kognitive Orientierungen, als auch solche, die auf emotionale Elemente abzielen. Embodimenttechniken können dabei wichtige Funktionen erfüllen. Beckmann (2015) hat beispielsweise für Postshot-Routinen im Golf das Akronym „KABA" formuliert:

- *Dabei steht das „K" für eine Embodimenttechnik: Körperposition kontrollieren (stolzgeschwellte Brust).*

- „A" ist die kognitive Komponente: Analysieren, was passiert ist und konkrete, handlungsleitende Schlussfolgerungen daraus ziehen („Wenn ich noch einmal in diese Situation komme, dann weiß ich, was zu tun ist, nämlich ... ").
- „B" ist eine Bewegungskomponente, zum Beispiel das energische Ausführen von Probeschwüngen verbunden mit der Affirmation „So geht's; ich kann es ja".
- Schließlich braucht es noch eine Interpunktion, um diese Episode zum Abschluss („A") zu bringen.

9.5 Systemperspektive einnehmen

Bei der Bewältigung von Ängsten im Leistungssport, wie in vielen anderen Problemsituationen, ist es hilfreich, eine Systemperspektive einzunehmen. Liesenfeld und Beckmann-Waldenmayer (2012) plädieren dafür, den „Möglichkeitsraum zu erweitern" und den systemischen Blickwinkel miteinander verzahnter Systeme bei der Beratung und Betreuung von Sportlern einzunehmen. Dabei steht das „Transparentmachen von Denk- und Handlungsmustern aller Beteiligten im Vordergrund. Interventionen dienen dazu, den Klienten wieder Zugang zu ihren eigenen Ressourcen zu verschaffen, die sie zur Lösung des Problems benötigen" (Liesenfeld u. Beckmann-Waldenmayer 2012, 65f.).

> „Niemand weiß, was er kann, bevor er's versucht." (Publilius Syrus)
> Im Leistungssport gibt es viele Stressoren, die Angst auslösen können. Zunächst geht es darum, seine Ängste zu kennen und zu lernen, mit ihnen umzugehen. Das Ziel ist nicht angstfrei zu werden, sondern Wege zu finden, die Angst als Freund zu verstehen und aufbauend auf den eigenen Ressourcen und Kompetenzen gemeinsam mit ihr den oftmals gefährlichen Weg zum Erfolg zu gehen. In der Sportpsychologie wurden verschiedene sportbezogene Interventionen entwickelt, die dabei unterstützen (Beckmann u. Ehrlenspiel 2018).

Literatur

Adriaanse MA, Gollwitzer PM, De Ridder DT, de Wit JB, Kroese FM (2011) Breaking habits with implementation intentions: a test of underlying processes. Pers Soc Psych Bull 37, 502–513. doi: 10.1177/0146167211399102

Beckmann J (2015) Mentales Training im Golf. Spitta-Verlag Balingen

9.5 Systemperspektive einnehmen

Beckmann J (2019) Leistungsstabilisierung unter Druck durch dynamisches Handdrücken. Leistungssport, 49(6), 20–23

Beckmann J, Ehrlenspiel F (2018) Strategien der Stressregulation im Leistungssport. In: Fuchs R, Gerber M (Hrsg.) Handbuch Stressregulation und Sport. Springer-Verlag, Heidelberg, 417–433

Beckmann J, Elbe A (2011) Praxis der Sportpsychologie in Wettkampf und Leistungssport (2. Auflage). Spitta-Verlag Balingen

Brewer BW, Redmond CJ (2017) Psychology of sport injury. Human Kinetics, Champaign, IL

Cross-Villasana F, Gröpel P, Doppelmayr M, Beckmann J (2015) Unilateral Left-Hand Contractions Produce Widespread Depression of Cortical Activity after Their Execution. PloS One, 10 (12), 28.12.2015, doi: 10.1371/journal.pone.0145867

Liebert RM, Morris LW (1967) Cognitive and emotional components of test anxiety. A distinction and some initial data. Psych Rep 20, 975–978. doi10.2466/pr0.1967.20.3.975

Liesenfeld M, Beckmann-Waldenmayer D (2012) Systemische Beratung in der Sportpsychologie – Grenzen und Möglichkeiten. In: Beckmann-Waldenmayer D, Beckmann J (Hrsg.) Handbuch sportpsychologischer Praxis – Mentales Training in den olympischen Sportarten. Spitta-Verlag, Balingen, 60–70

Martens R, Vealey RS, Burton D (1990) Competitive anxiety in sport. Human Kinetics, Champaign, IL.

Storch, M (2006) Wie Embodiment in der Psychologie erforscht wurde. In: Storch M, Cantieni B, Hüther G, Tschacher W (Hrsg.) Embodiment. Die Wechselwirkung von Körper und Psyche verstehen und nutzen. Verlag Hans Huber, Bern, 35–72

10 Angst vor Sterben und Tod

Andrea Tretner

10.1 Alleinsein macht Angst

> „Wir kommen allein auf die Welt, wir leben allein, wir sterben allein. Nur die Liebe und Freundschaft können uns für einen Augenblick die Illusion verschaffen, nicht allein zu sein." (Orson Welles)

Ist es das, was uns am meisten Angst macht, wenn wir an Tod und Sterben denken – dieses existenzielle Alleinsein im Moment des Todes?

Wir leben allein, heißt es da in der Aussage von Welles und wenn man sich an der existenziellen Psychotherapie orientiert, ist die Isolation ein wichtiges Thema. Der existenzielle Ansatz ist einer unter vielen psychotherapeutischen Ansätzen, die alle derselben Sicht folgen, sich der menschlichen Verzweiflung anzunehmen. Davon gibt es viel in unserem Leben. Die existenzielle Therapie geht davon aus, dass wir auch an der Konfrontation mit dem menschlichen Daseinszustand an sich leiden. Wir sind in der Lage, uns Unterstützung, Kontakt und Zuneigung zu holen, Liebe und Freundschaft neben uns zu gestalten. So entkommen wir dem großen Gefühl dieser Art von Einsamkeit, zumindest für eine Zeit. Wir durchleben schwierige Phasen im Leben, in denen die existenzielle Isolation bedrohlich und beängstigend nah kommt und es sich angenehm anfühlt, wenn wir uns in diesem Moment nicht allein fühlen müssen.

Nicht so im Prozess des Sterbens. Hier können wir uns niemanden an die Seite holen, der mit uns zusammen bewusst diesen Prozess erlebt, durchlebt, uns durch diesen hindurch begleitet, denn am Ende wird hier nicht das Leben sein, verwandelt und verändert, sondern das Ende. Sterben müssen wir allein.

10.2 Spielerisch innere Bilder wecken

Eine Schulrektorin, die sich für meine Kinderkurse „Wer nicht fragt, stirbt dumm" interessierte, kam am Ende eines Gespräches mit mir zu dem Schluss, die Kinder vor einer Auseinandersetzung mit dem Thema Tod zu bewahren. Sie befürchtete, die Schüler könnten vor lauter Angst ihre Leistung verschlechtern und daraufhin würde es ihrer Meinung nach sicherlich eine übergroße Auseinandersetzung mit besorgten Eltern geben. Erstaunlicherweise sind es gerade Kinder, die keine Angst vor Sterben und Tod haben. Sie üben sich in einem ganz und gar unverkrampften Zugang, indem sie Fragen stellen. „Wo sterben eigentlich Vögel?", fragte zum Beispiel ein Kind in einem Kurs des Max-Planck-Instituts für Ornithologie in Radolfzell am Bodensee. Der dortige Direktor hält solche Kinderkurse, um sich durch ungewöhnliche Fragen den Blick auf seine wissenschaftliche Arbeit offen zu halten und um Anregungen zu bekommen. Und tatsächlich hatten sich die dortigen Wissenschaftler mit dem Thema, wo Vögel sterben, noch nicht beschäftigt (Tretner 2014).

Diese kleinen Geschichten zeigen deutlich, wie wir uns gesellschaftlich zu diesem Thema verhalten. Schon der Gedanke an den Tod bringt uns in Bedrängnis. Tod und Sterben machen neugierig, wir wollen wissen, wie das geht, das letzte Mysterium für uns lüften. Zum einen wissen wir genau, dass wir uns damit beschäftigen sollten, im selben Moment aber in dem wir die Hand zaghaft für eine Berührung mit dem Thema ausstrecken, ziehen wir sie zurück. Versinnbildlicht das Ende doch all das, was nicht Leben ist. Und das macht uns Angst. Wie ratlos unsere kluge und aufgeklärte Gesellschaft in diesen ganz zentralen Fragen immer

10.2 Spielerisch innere Bilder wecken

noch ist, zeigt sich, wenn ein Leben zu Ende geht. Unwissend, zögerlich, stehen wir vor den Menschen, die von Tod und Sterben betroffen sind. Am liebsten würden wir das Thema vermeiden.

Kinder dagegen fragen frei nach Themen, die für uns Erwachsene längst nicht mehr zum Leben gehören. Schön wäre es, wenn wir hier den Kindern etwas mehr zuhören und auf ihre Fragen nicht mit unserer Angst und unseren Tabus antworten würden. Automatisch entziehen wir uns so einer wertvollen kreativen Auseinandersetzung mit der Endlichkeit. „Der, die, das, wer, wie, was, wieso, weshalb, warum, wer nicht fragt, bleibt dumm" – vielleicht ist etwas Wahres an dem Kinderlied. Wie riecht der Tod? Was hat er an? Ist er ein Mann oder eine Frau? Was kochst du dem Tod und dir beim letzten Mahl? Mit solchen spielerischen Fragen taste ich mich bei Seminaren zu Tod und Sterben vorsichtig von verschiedenen Seiten an die Angst vor diesem Thema heran. Aber annähern muss ich mich nur bei Erwachsenen. Kinder zeigen hier eine sehr unverkrampfte Herangehensweise und verblüffen mich immer wieder mit ihren freien inneren Bildern dazu. Munter gestalten sie die Fragen künstlerisch und kreativ auf verschiedensten Wegen. Sie beschreiben eindrücklich den Duft, den für sie der Tod hat, sie formen aus Papier und Pappe dessen Gestalt und schneidern dem Tod Kleider, überlegen sich wie das letzte Mahl mit ihm aussehen würde. Und auch wir Erwachsenen dürfen uns mit solch inneren Bildern, heraufbeschworen durch diese Fragen, schüchtern und zaghaft an die für uns so angstbesetzte Endlichkeit herantrauen.

Bilder sind eine Art Katalysator für die Angst. Wenn wir Fragen stellen, gehen wir auf Entdeckungsreise zu uns selbst, können Angst mit Mut ersetzen und Antworten finden. Dieser spielerische Zugang stellt im Tun des Kreativen eine Verbindung her zu meinen inneren Bildern, die ich für dieses Thema habe. Ich kann mir Gedanken darüber machen, warum ich eine bestimmte Farbe für den Tod wähle oder warum für mich dieser eine Duft den Tod symbolisiert. Der Tod hat für mich persönlich einen sehr lebendigen Geruch. Nach Wiese, Sonne, Heu und Sommer, einen Geruch nach etwas Reifem, etwas, was im Zenit steht. Nicht umsonst fällt mir hier die Hochzeit der Ernte ein. So fühle ich es auch, der Tod ist etwas Krönendes in meinem Leben, mein Kreis darf sich schließen

(Tretner 2014). So hat jeder andere Bilder in sich, genauso wie die Angst vor Sterben und Tod unterschiedlich besetzt ist. Auch gilt es hier zu unterscheiden, ob die Angst vor dem Sterben größer ist als vor dem Tod an sich. Die Angst vor dem Wie lässt sich mit einer Patientenvollmacht etwas lindern und auch der in den letzten Jahren immer weiter fortschreitende Ausbau von Hospizen und ambulanten Hospizteams, die Menschen zu Hause beim Sterben betreuen, hinterlässt in einem das Gefühl, gutes Sterben kann möglich sein, unter bestimmten Umständen. Doch die Angst vor dem Tod an sich mildern diese Umstände erst einmal nicht. Hier muss sich jeder von uns grundlegenden philosophischen Fragen stellen, über das eigene Leben, das Leben in der Gesellschaft, über das eigene Sein in der Welt.

10.3 Bilder können ein Anker sein

In der Ausbildung für Hospizhelfer gibt es eine Übung, bei der sich die Teilnehmer vorstellen zu sterben. Die Szenerie ist situationsecht: Als Übender dieser Sterbemeditation liege ich im Bett und stelle mir vor zu sterben. Geräusche, Berührungen, Lichtverhältnisse, Gerüche werden aus dieser Position gänzlich anders wahrgenommen. So können Alltagsgeräusche plötzlich einen bedrohlichen Charakter bekommen oder Berührungen von Anwesenden als unangenehm empfunden werden. Hospizhelfer erlernen so, noch offener zu sein für die Bedürfnisse, die ein Sterbender hat und die sehr unterschiedlich sein können. Der eine möchte die Hand gehalten haben, der andere kann dies nicht ertragen und möchte lieber allein sein. Aber nicht nur diese Erfahrung ist von unschätzbarem Wert, auch der emotionale Prozess während der Übung öffnet die Begegnung mit der eigenen Endlichkeit. Für die Fototherapie wandelte ich diese Übung um. Nicht nur für Hospizhelfer ist es wichtig und sinnvoll, sich mit der Endlichkeit auseinanderzusetzen. Jeder der therapeutisch arbeitet, sollte das tun. Der Angst vor Sterben und Tod begegnet man oft in Sitzungen mit Klienten. Nicht immer direkt, oft maskiert und versteckt und gerade deshalb bedarf es für einen Therapeuten eines eigenen freien Zugangs dazu. Wie sollte ich als Therapeut der Todesangst meines Klienten sonst begegnen? In dieser abgewandelten

Übung lege ich mich auf ein weißes Leintuch, werde mit einem weiteren Leintuch abgedeckt – manche wollen das Gesicht frei lassen, manche möchten komplett mit dem Tuch bedeckt sein. Und so werde ich fotografiert. Dies mag nach einer unspektakulären Übung aussehen, aber die Reaktionen zeigen anderes. Selbst erfahrenen Therapeuten gelingt es oft nicht, beim ersten Mal diese Übung zu vollziehen. Tun sie es, so teilen sie mit allen, die diese Übung machen, eindeutig positive Erfahrungen. Die Teilnehmer gehen mit einer anderen Idee von der eigenen Endlichkeit aus dieser Übung heraus, nehmen die neuen Gedanken darüber mit in den Alltag und verinnerlichen so eine andere Sichtweise auf das Thema. Sich auf einer Fotografie selbst als Toter liegen zu sehen, löst vieles in einem aus. Die eigene Endlichkeit wird sichtbar. Spielerisch können wir mit solch einer bildgebenden Herangehensweise und anschließender kreativer Bearbeitung der Fotografie in uns hineinhorchen, unsere ureigenen Bilder herauslocken und so eine Beziehung zu den Themen und ihren Ängsten, aber auch zu den dazugehörenden Hoffnungen aufbauen. Bilder helfen uns, das Unbegreifliche in unserer ganz persönlichen Art und Weise fassbar zu machen. Ob es sich hier nun um Personifizierungen handelt, wie zum Beispiel, wenn ich mich frage: „Ist der Tod ein Mann oder eine Frau?", um Bilder an sich, wie die Fotografie, oder um Gefühle, die bei Betrachtung und Bearbeitung der Bilder entstehen. In all diese Bilder können wir einen Anker werfen, für ein Weiterdenken und -fühlen, für eine Begegnung mit unserer Angst.

10.4 Ein gutes Leben leben

Über den Tod nachzudenken, passt für die meisten von uns nicht ins Leben. Warum sollte man es auch tun? Was hat man davon? Grenzen lösen sich auf, national, global und auch für jeden Einzelnen. In unserer Zeit scheint alles möglich und unbegrenzt und doch erleben wir Knappheit an Ressourcen, Zeit und Raum und oft auch an Emotion und Empathie. Letzteres ist wohl das größere bzw. ursächliche Problem unserer Zeit. Was sollte es uns also nützen, über die größte Begrenzung unseres Lebens, den Tod nachzudenken? Vor einiger Zeit interviewte ich im Zuge eines Buchprojektes den Vorstand einer Bank. Ich fragte ihn, ob das

Bewusstsein der eigenen Endlichkeit ein verantwortungsvolleres und nachhaltigeres Handeln fördern könne. Er sagte ja. Sich bewusst zu sein, nicht unendlich Zeit hier verbringen zu dürfen, die relative Knappheit seiner Zeit zu erkennen, lasse ihn bewusster und beziehungstauglicher handeln – auf privater, gesellschaftlicher und unternehmerischer Ebene. Es gab einen Moment, in dem er dachte, er müsse sterben. Und genau dieser bewusst erlebte Moment brachte die eigentliche Kehrtwende in sein Leben. Zu der Frage „Ist das Bewusstsein der eigenen Endlichkeit die neue qualitative Nachhaltigkeit?" interviewte ich schon einige Menschen aus Wirtschaft und Politik. Mal ging ich ratlos und entmutigt aus diesen Gesprächen, dann gab es aber auch Begegnungen, bei denen ich auf empathisch und mutige gestalterisch tätige Menschen traf, die sich nicht nur auf den eigenen Vorteil konzentrieren, sondern zukunftsorientiert und gemeinwohlorientiert denken und handeln – nicht nur auf wirtschaftlicher, sondern auch, oder vor allem, auf der zwischenmenschlichen Ebene. Eigentlich paradox, zukunftsorientiert zu handeln mit dem Blick auf das eigene Ende. Auslöser für dieses, an dem Gemeinwohl orientierten Handeln, war für alle einhellig die Beschäftigung mit der eigenen Endlichkeit. Damit scheint der Wunsch groß zu werden, seine Zeit „sinnvoll" zu nutzen und vor allem zu erkennen, dass wir alle in Beziehung miteinander stehen. Und wir erkennen, dass alles auf Beziehung beruht. Vor allem aber auf einer guten Beziehung zu mir selbst. Voraussetzung hierfür ist unter anderem, dass ich mich meinen Ängsten stelle. Biologisch ist der Tod genau am Ende des Lebens verortet. Aber psychologisch überspannt er unser ganzes Leben. Vom ersten Tag an sind wir mit Verlust und Vergehen konfrontiert. Es ist ein lebenslanger Prozess, dessen wir uns mit zunehmendem Alter immer bewusster werden. Beginnend mit dem Verlust an Lebenstagen, dem Verlassen der geborgenen Kindheit, mit jeder Wachstumsphase lassen wir etwas hinter uns und wir müssen lernen, mit diesen Schmerzen zu leben. Wir leben und sterben immer im Wechsel, bis an den letzten Tag. Oder wie die Sufis sagen: Wir sterben 1.000 Tode im Leben. Mit dieser Sicht sind wir Geübte bezüglich Tod und Sterben. Lebensentwürfe, Beziehungen scheitern, Wünsche erfüllen sich nicht und ein Teil in mir scheitert somit. Nach einer gewissen Zeit beginne ich von Neuem, entwickle neue Sichtweisen, beginne eine neue Beziehung, alles ein Werden und Vergehen.

10.5 Wie wollen wir leben?

„Willkommen zurück, lieber Tod", titelt die ZEIT in einer Reihe zum Thema Tod und diagnostiziert, dass der lange aus der Gesellschaft Verschwundene wieder zurückkehrt. Gerade junge Menschen scheinen sich laut dieser Serie in der großen deutschen Wochenzeitung wieder vermehrt für den treuen Lebensbegleiter zu interessieren. Dies passt zu unserer gesellschaftlichen Entwicklung der letzten Jahre. Die heute Zwanzig- bis Dreißigjährigen stellen radikal Strukturen infrage, die für Menschen meiner Generation noch selbstverständlich sind. Alternativen Lebenskonzepten wird hartnäckig Zugang in die herrschende Wirtschaftsform verschafft. Vermögenswerte wie ein großes Auto, teure Möbel und andere Prestigeobjekte finden bei einem Teil der jüngeren Menschen keinen Anklang mehr. Die zentrale Frage „Wie wollen wir leben?" ist ein großer Antreiber für diese Neuerungen. Peter Bieri, Schriftsteller und Philosoph, nannte ein ganzes Büchlein so, in dem er drei Vorlesungen zu diesem Thema verband. In einer Vorlesung mit dem Titel „Warum ist Selbsterkenntnis so wichtig?" schreibt er:

> „Wir können keinen Schritt tun, ohne zu wissen, warum. Wenn wir den Grund vergessen haben, bleiben wir stehen. Erst wenn wir wieder wissen, was wir wollten, gehen wir weiter. Wir müssen, um handeln zu können, verstehen, was wir wollen und tun." (Bieri 2011, 35)

Wenn ich mich frage, wie ich leben will, dann schließt sich eventuell die Frage nach dem Sinn des Lebens an. Am besten stelle ich mir die Frage vor dem Hintergrund der eigenen Endlichkeit, dann bin ich geschützt, diesen Sinn nicht im Hinblick auf eine gesellschaftliche Norm zu beantworten, sondern auf das, was tief in mir sitzt und in meinem Leben Sinn stiftet. Heutzutage scheint sich vor allem die Frage zu stellen: „Lebe ich wirklich oder werde ich gelebt?" Der in unserer Gesellschaft so exponiert gelebte Kapitalismus fördert eher Letzteres.

„Längerfristig handeln können wir nur, wenn wir eine Ahnung von der Richtung unseres Lebens haben, eine Vorstellung davon, wer wir sind", schreibt Bieri weiter (Bieri 2011, 35). Eine Vorstellung davon zu bekommen, wer wir sind, was wir wollen und wohin wir wollen, erfordert eine gründliche Kenntnis unserer selbst. Ein gutes Leben zu leben bedeutet vereinfacht, sich selbst zu kennen. Sich selbst zu begegnen ist kein Wellnessurlaub oder eine Instanterfahrung, wie es einem heute oft mit den verschiedensten Angeboten an Selbsterfahrung glauben gemacht wird. Und von der Frage „Wie will ich leben?" ist es nicht mehr weit zu „Wie will ich sterben?". Zu einem guten Leben gehört auch ein gutes Ende. Der Kreis des Lebens sollte sich gut schließen können. Ein Ende, welches sich unabhängig von äußeren Umständen in mir selbst behaupten kann.

10.6 Frieden schließen

Auch wenn das Thema Sterben und Tod in letzter Zeit vermehrt in den Medien auftaucht und somit in der Gesellschaft präsenter wird, so ist es doch ein weiter Weg von dort zum Bewusstsein jedes Einzelnen. Die Grundvoraussetzung für ein gutes Sterben liegt in uns selbst, insoweit, als wir mit unserer eigenen Endlichkeit Frieden geschlossen haben. Und das heißt nichts anderes, als unsere Erstarrung, die Angst davor aufzulösen. Schwierig scheint es zu sein, diese zwei auf den ersten Blick unvereinbaren Elemente *Leben* und *Tod* in unserem Dasein in Einklang zu bringen. Und doch gibt es viele verschiedene Denk- und Handlungsrichtungen, die uns hierbei helfen und Mut machen. So ist die Frage nach dem Wie-willl-ich-leben, welchen Sinn mein Leben ganz persönlich für mich hat, die beste Brücke zwischen Leben und Tod. Diese Sinnhaftigkeit gibt Raum für eine entspanntere, für eine angstfreie Begegnung mit unserer eigenen Endlichkeit. Das garantiert mir nicht, dass ich ein gutes Sterben haben werde, aber was ich durch die Beschäftigung mit diesem Thema verbuchen kann, ist ein bewussteres Leben, mit dem Wissen, was ich wirklich will und wohin ich will. Dafür lohnt sich die Begegnung allemal.

Ein Palliativmediziner sagte mir bei einem Gespräch: „Menschen, die sterben, wissen zu leben." In diesem kleinen Satz steckt alles, was meine Arbeit in den letzten Jahren als Therapeutin zum Thema Sterben und Tod geprägt hat – bzw. darin findet sich eine Erfahrung wieder, die ich auch privat erleben durfte. Mein verstorbener Mann litt Jahre lang unter einem hormonaktiven Gehirntumor, der schlussendlich nach über zehn Jahren zum Tod führte. In den Begegnungen mit Menschen, die im Hospiz arbeiten oder als Palliativmediziner tätig sind, umweht einen eine gewisse Lebenshaltung oder Philosophie, die geprägt ist von einem tiefen Lebensverständnis. Es ist gar oft so, als würde es dafür eine eigene Sprache geben. Natürlich gibt es diese Essenz, so nenne ich sie doch besser, vor allem bei den Menschen, die im Sterbeprozess sind und den Angehörigen, die sie begleiten. Hier ist eine wohltuende Art von Frieden spürbar, ein Sich-versöhnt-haben mit Lebensumständen, die nicht mehr veränderbar sind. Diese positive Akzeptanz des Radikalsten, was uns im Leben begegnet, ist sehr beeindruckend. Und auch für mich ist dies nach all den Jahren im Rückblick immer noch mit das Erstaunlichste, was ich in der Krankheitszeit meines Mannes erleben und für mich lernen durfte. Ich dachte, mich würde der Alltag nicht mehr einholen, ich könnte dieses fast schon erhabene Gefühl auf Dauer behalten, welches sich vor allem in dem Augenblick des Todes meines Mannes einstellte. Ich bin nicht gläubig und trotzdem hatte dieses Ausatmen, der letzte Atemzug für mich etwas Göttliches, etwas, was einem große Ehrfurcht vor dem Leben schenkt. Und natürlich hat mich der Alltag wiederentdeckt und nimmt mich auch zeitweise gefangen in seiner Hektik und Dringlichkeit. Aber dieses Erleben von Sterben und Tod ist eine richtungsweisende Überschrift in meinem Leben geblieben.

10.7 Die Idee des Todes kann den Menschen retten

Wenn auch meine Intensität der Auseinandersetzung heute mit diesem Thema schwankt, so ist doch eines mittlerweile ganz fest in mir verankert: Die Angst vor dem Tod ist gänzlich gewichen. Wobei ich nicht mit Sicherheit sagen kann, wie ich mich in meinem Sterbeprozess verhalten werde. Ich hoffe, ruhig, offen und entspannt, aber ich weiß es nicht, es kann auch gänzlich anders sein. Es kommt darauf an, wo ich sterben werde und wie. Zumindest kann ich sagen, dass die intensive Begegnung und Auseinandersetzung mit Sterben und Tod, mit meiner eigenen Endlichkeit, mein Leben grundsätzlich verändert hat. Ich ermuntere auch meine Klienten, sich diesen Ängsten zu Sterben und Tod zu stellen, wenn sich dieses Thema bei ihnen zeigt. Denn wie der Psychotherapeut und Analytiker Irvin D. Yalom in seinem Buch „Existentielle Therapie" schreibt, kann die Beschäftigung mit der Grenzsituation schlechthin in unserem Leben, unserem Tod, einen grundlegenden Wandel der Art und Weise hervorrufen, wie wir in der Welt leben.

> „Obwohl die Physikalität des Todes einen Menschen zerstört, kann die Idee des Todes ihn retten. Der Tod wirkt als Katalysator, der uns von einem Zustand des Seins zu einem höheren bringen kann: von einem Zustand des Staunens darüber, wie die Dinge sind, zu einem Zustand des Staunens darüber, dass sie sind. Die Bewusstheit des Todes bringt uns weg von trivialen Beschäftigungen und verleiht dem Leben einen tiefe Intensität sowie eine völlig andersartige Perspektive." (Yalom 2010, 191)

10.8 Die Angst vor dem Tod zeigt uns, wie wir leben sollten

Der Tod ist eine mächtige Kraft in unserem Leben, und ob wir uns dessen bewusst sind oder nicht, hat er einen großen Einfluss darauf, wie wir leben. Ich frage meine Klienten oft, wovor sie sich hier am meisten fürchten. Meist kommt als Antwort, dass sie all das Ungelebte, das nicht Getane bereuen würden. Die Angst vor dem Tod zeigt uns, wie wir zu leben haben. In einschlägiger Literatur ist oft die Rede davon, dass je geringer die Zufriedenheit in unserem Leben ist, desto größer unsere Angst vor dem Tod ist. Und das ist auch die Erfahrung in meiner Arbeit. Je mehr wir von unserem Leben gelebt werden und nicht wir unser Leben leben, desto mehr fürchten wir uns vor unserem Ende. Ein Klassiker der therapeutischen Fragestellung ist, sich vorzustellen, es wären ein paar Jahre im Leben vergangen, und wenn ich darauf blicke, welches Bedauern würde sich einstellen? So kann man mit Klienten herausarbeiten, wie er oder sie hier und heute leben müsste, was er in seinem Leben ändern müsste, damit sich kein neues Bedauern aufbauen kann.

Das ist es doch, was uns oft das Leben ein wenig schwer macht – das Bedauern, die Schuldgefühle etwas nicht getan, gesagt zu haben. Die Inder haben hierfür eine schöne kleine Geschichte. Ein Vogel sitzt auf der Schulter und fragt jeden Tag, ob man genügend gelebt, geliebt oder gelacht hat. Der kleine Vogel auf der Schulter ist der Tod und er ermahnt uns, von den schönen Dingen im Leben immer genügend zu tun, zu

10.8 Die Angst vor dem Tod zeigt uns, wie wir leben sollten

empfinden. In unserer heutigen schnelllebigen Zeit, mit einer Geschwindigkeit, die einen des Öfteren überfordert, ist der Gedanke an den Tod bzw. die Auseinandersetzung mit dem Tod, ein schönes Hilfsmittel, um das Leben an sich nicht zu vergessen.

Literatur

Bieri P (2011) Wie wollen wir leben? dtv Verlag, München
Tretner A (2014) Wer nicht fragt, stirbt dumm – Überraschende Fragen und Antworten zu Sterben und Tod. Random House, München
Yalom ID (2010) Existentielle Psychotherapie. Verlag Andreas Kohlhage, Bergisch Gladbach